As Leis Secretas do Poder

Alla Svirinskaya

As Leis Secretas do Poder

Use a energia a seu favor

Tradução
Júlio de Andrade Filho

Título original: *Your Secret Laws of Power*
Copyright © 2007 by Alla Svirinskaya
English language publication 2007 by Hay House UK Ltd.

Imagem de capa: Fernando Bagnola

Todos os direitos reservados. Nenhuma parte desta obra pode ser reproduzida, ou transmitida por qualquer forma ou meio eletrônico ou mecânico, inclusive fotocópia, gravação ou sistema de armazenagem e recuperação de informação, sem a permissão escrita do editor.

Direção editorial
Soraia Luana Reis

Editora
Luciana Paixão

Editora assistente
Valéria Sanalios

Assistência editorial
Elisa Martins

Consultoria técnica
Clene Salles

Revisão
Mariana Varella

Criação e produção gráfica
Thiago Sousa

Assistente de criação
Marcos Gubiotti

CIP-Brasil. Catalogação-na-fonte
Sindicato Nacional dos Editores de Livros, RJ

S975l   Svirinskaya, Alla
         As leis secretas do poder: use a energia a seu favor / Alla Svirinskaya; com prefácio da Duquesa de York; tradução Júlio de Andrade Filho. - São Paulo: Prumo, 2008.

Tradução de: Your secret laws of power
ISBN 978-85-61618-03-2

1. Saúde. 2. Energia vital. I. Título.

08-1871.

CDD: 613
CDU: 613

Direitos de edição para o Brasil:
Editora Prumo Ltda.
Rua Júlio Diniz, 56 - 5º andar – São Paulo/SP – Cep: 04547-090
Tel: (11) 3729-0244 - Fax: (11) 3045-4100
E-mail: contato@editoraprumo.com.br / www.editoraprumo.com.br

Sumário

Prefácio de Sarah, Duquesa de York 9
Agradecimentos 10
Minha História 12
Introdução 16

Parte I - Compreenda a força de seu Poder
Capítulo 1   A importância da energia 24
Capítulo 2   A energia que rodeia você: como acessar seu poder 28

Parte II - O poder de seu lar
Capítulo 3   Desintoxique sua casa 46
Capítulo 4   Limpe a energia estagnada 50
Capítulo 5   Limpe os campos eletromagnéticos 56

Parte III - Ferramentas poderosas para uma boa desintoxicação
Capítulo 6   Hidroterapia: o poder do quente e do frio 60
Capítulo 7   Preparando-se para sua desintoxicação 68
Capítulo 8   Como limpar o intestino e deixar o passado para trás 82
Capítulo 9   Como purificar seu fígado e controlar a raiva 91
Capítulo 10   Como limpar os rins e livrar seu corpo e mente das toxinas 99

Parte IV - O poder secreto da mente e das emoções
Capítulo 11   Desintoxique seu corpo das emoções negativas 106
Capítulo 12   Desbloqueie o poder das suas emoções 114
Capítulo 13   Trabalhando sua bioenergia 124
Capítulo 14   O poder mental adquirido ao limpar os pensamentos 142

Parte V - O segredo das pessoas
Capítulo 15   O poder das energias positivas 160
Capítulo 16   O poder da proteção 172
Capítulo 17   Preservando sua energia 180

Parte VI - Os segredos de um poderoso rejuvenescimento
Capítulo 18   A dieta rejuvenescedora 186
Capítulo 19   Superalimentos e suplementos 198

Conclusão 206

Para meu raio de sol, minha filha
Raphaela, com ternura e amor

PREFÁCIO

Eu me ofereci para escrever este preâmbulo para o livro de Alla Svirinskaya porque gostaria de apoiar o seu excepcional trabalho de cura. Faço votos que consiga chamar a atenção para os seus conhecimentos e para a herança extraordinária que ela carrega, a tradição de cura da Rússia ancestral.

Creio que Alla foi uma das primeiras pessoas a tornar essas tradições disponíveis para o Ocidente. Espero que suas idéias e suas técnicas sejam muito úteis a todos aqueles que estão buscando uma melhora em sua saúde e uma maior sensação de bem-estar.

Alla foi de uma tremenda ajuda ao orientar-me em todos os aspectos do meu bem-estar físico e emocional. Sempre que vou vê-la, ela recarrega minhas energias, o que me permite fazer frente aos muitos desafios e exigências de minha vida agitada. Ela oferece conselhos práticos que, tenho certeza, fariam sentido para qualquer um que esteja lutando para encontrar tempo na agenda para poder se concentrar em sua própria saúde.

Sempre achei Alla uma pessoa muito positiva e inspiradora. Espero que este livro seja útil para todas as pessoas que não tenham a oportunidade de interagir diretamente com ela.

Não tenho dúvidas de que Alla é uma notável praticante da Medicina Alternativa e eu me considero muito afortunada por tê-la conhecido.

Sarah, Duquesa de York

AGRADECIMENTOS

Para minha querida mãe: sou abençoada por ter você em minha vida. Sinto-me honrada por ser sua filha e sua aluna. Tudo que sou, devo a você. Seu coração e suas mãos estão sempre prontos para ajudar e canalizar o amor para quem estiver à sua volta.

Para meu querido pai: agradeço pela ligação especial que nos une. A alegria que compartilha comigo é a cura para minha vida. Eu o admiro por manter-se íntegro e nunca ter comprometido sua integridade.

Para minha irmã Ritochka: obrigada por ser quem você é, meu adorado raio de Sol.

E, claro, meu anjinho, minha filha RapHaela: obrigada por ter sido tão serena e paciente enquanto eu escrevia este livro. Espero que um dia você possa compartilhar de minha vontade de curar as pessoas. Eu amo você mais do que achava ser possível. Você me fez uma pessoa melhor e me tornou uma terapeuta melhor. Obrigada por existir em meu mundo.

Quero também agradecer a todos os meus parentes por terem trazido tanta luz à minha alma.

Sou uma pessoa muito afortunada por ter encontrado tantas pessoas especiais, a quem envio todo o meu amor.

Para minha querida amiga Sarah, envio um enorme "obrigada" por todo o seu apoio e encorajamento. Sou muito grata e sinto-me honrada.

Para meus amigos da Rússia, Nina Koroleva, Lena Ayzenberg e Irina Rudneva, por nossa amizade e pelos momentos agradáveis. Sinto falta de vocês, garotas! Para Kati St Clair, por todo o seu apoio, por ser tão rara, por sua sabedoria e amor. Para Andrew Wilson, por ser uma pessoa tão especial na minha vida. Para Rita Roberts, pelo seu cuidado e calor. Serei sempre grata a todas as pessoas que acreditaram em mim, deram-me apoio durante o início da minha jornada no Ocidente. Eu sempre me lembrarei de vocês.

Um grande abraço para minha agente Jonny Pegg por sua generosidade, suporte e por manter a mesma freqüência energética comigo.

Para todos da Hay House, obrigada por terem sido os guardiões do meu livro. Estou muito impressionada com o profissionalismo e com a fusão especial de espiritualidade, integridade e pragmatismo da editora.

Para Dennis Engel e sua equipe, por sua extrema criatividade e por terem feito o meu *website*.

Para Jane Alexander, pelas dicas.

Para Olivia Liechtenstein, não tenho palavras de gratidão por toda a sua ajuda em trazer este livro ao mundo. Valorizo demais o seu constante apoio às minhas práticas de cura.

Também gostaria de expressar minha gratidão e respeito às gerações de terapeutas russos cujas técnicas sinto-me orgulhosa em incluir neste livro. Quero pedir perdão se alguns de seus nomes não foram citados junto com seus ensinamentos, mas tenho certeza que vocês estão presentes de uma forma diferente através de seus trabalhos. Senti-me honrada em ter sido capaz de transmitir os seus conhecimentos.

E finalmente, um gigantesco OBRIGADA à vida por ter traçado uma jornada tão interessante para mim!

MINHA HISTÓRIA

Se eu fosse escolher um livro como este, iria gostar de saber um pouco mais sobre a pessoa que o escreveu. Eu me perguntaria se o autor seria qualificado para me aconselhar sobre a minha saúde e bem-estar. Portanto, com essa idéia em mente, vou descrever brevemente o meu passado.

Eu nasci e fui criada em Moscou na década de 1970, quando a Rússia ainda pertencia à comunista URSS. Assim, cresci em um país cujo governo era muito cético, anti-religioso – de fato, anti-qualquer-coisa que fosse remotamente metafísica.

Minha família é uma curiosa mistura de informações científicas e de métodos alternativos. Minha mãe era quimioterapeuta, tratava de pacientes com câncer, mas ela também é terapeuta. Meu pai, antes de se aposentar, era um acadêmico com doutorado em engenharia. Tenho uma irmã, onze anos mais velha do que eu, que também é terapeuta e vive na Sérvia.

A prática da cura é parte de nossa família há pelo menos 5 gerações. A nossa habilidade em curar as pessoas tem surgido do lado feminino da família. E temos utilizado diferentes métodos nessa prática. Eu não conheci minha avó, mas parece que ela usava um monte de ervas e também um tipo de cântico tradicional russo que nós chamamos de "zagovor". Minha mãe usa outro método, baseado no tratamento da aura, dos chacras e assim por diante. Tudo o que aprendi foi passado a mim por ela e pela minha irmã mais velha.

Na época em que eu ainda era criança, a idéia de praticar abertamente esse processo de cura era inconcebível naquele país. Minha mãe teria adorado se tivesse sido possível trabalhar com medicina alternativa em sua clínica, mas não havia chance. No entanto, de certa maneira, isso acabou me beneficiando. Os pacientes que ela tratava na clínica, e que estivessem interessados em práticas alternativas, eram encaminhados para nossa casa. Então, ainda garotinha, tive a oportunidade de observar tudo. Assistia ao modo como minha mãe tratava os pacientes, à maneira como interagia com eles – a prática da cura estava ao meu redor em todos os momentos.

Também fui ensinada, ainda muito nova, a cuidar de mim mesma, a cuidar de minha saúde física se eu quisesse permanecer como um puro canal de energia. Minha mãe e minha irmã faziam jejum regularmente. Elas me ensinaram como cuidar do intestino, rins e fígado. Aprendi a cuidar de mim mesma em todos os níveis.

Cresci num ambiente muito aberto. Nessa época, era impossível falar em público sobre questões espirituais. Assim, uma quantidade espantosa de terapeutas e parapsicólogos vinha tomar chá, jantar e conversar em nossa casa. Eles vinham compartilhar idéias e experiências. Era uma honra estar no meio dessas pessoas e absorver os seus conhecimentos. Nós não podíamos ler livros sobre temas espirituais porque eles tinham sido banidos, então a informação era difundida secretamente, em folhas de papel. Acredito que viver cercada por pessoas como essas me deu muita força; ensinou-me como permanecer fiel ao meu caminho, mesmo quando isso se torna difícil.

Naquele tempo, qualquer tipo de manifestação espiritual era proibida. Tudo era mantido em sigilo e transmitido secretamente. Assim, a minha formação como terapeuta e meu aprendizado esotérico foram realizados às escondidas.

Segui o caminho da minha mãe na Medicina e fiz a faculdade em Moscou. Era a época da *Perestróica*[1], mas ainda assim havia enorme resistência ao conceito de cura e a qualquer forma de medicina alternativa. Entretanto, isso começou a mudar lentamente. As pessoas estavam desiludidas com o comunismo

---

1 - Perestróica foi uma política de reforma, em conjunto com a Glasnost, iniciada por Mikhail Gorbatchov a partir de 1985, que visava reestruturar a antiga União Soviética. Literalmente, a palavra significa "reestruturação" em russo. (N. do E.)

e todos os seus ídolos haviam desaparecido. Perdidas, começaram a procurar por Deus e pela espiritualidade em busca de conforto. Finalmente, a antiga tradição russa de cura ressurgiu.

Foi isso que me permitiu fazer meus estudos mais abertamente, assim comecei a viajar enquanto terminava a faculdade. Fui para a Universidade Aberta de Medicina Complementar, no Sri Lanka, para estudar acupuntura. Combinei essa formação alternativa com meus estudos ortodoxos porque, no fundo, sabia que estava descobrindo o meu caminho.

A queda do regime comunista tornou possível que minha mãe e eu praticássemos abertamente, e pela primeira vez, nossos métodos de cura. Minha mãe deixou a clínica onde trabalhava e, junto com outros colegas terapeutas, abriu o primeiro centro de cura em Moscou. Foi nessa época que decidi concluir meu treinamento médico.

Entretanto, os meus anos na faculdade foram muito úteis porque obtive grande conhecimento em medicina tradicional, aprendi sobre o corpo humano e sobre o que há disponível – na medicina tradicional – para tratar das doenças.

Eu envio meus pacientes aos médicos tradicionais quando acredito ser a solução mais apropriada. Também os envio para outros praticantes de medicina complementar. Essa é uma abordagem holística. Acredito firmemente na interação entre todos os tipos de medicina – ortodoxa, fitoterápica, psicoterápica – e também nos terapeutas.

Fui à Grã-Bretanha pela primeira vez no início dos anos 1990. Foi um período muito difícil para um terapeuta. Mesmo que outras formas de terapia natural, como a osteopatia[2],

---

2 - Osteopatia é um sistema de avaliação e tratamento, com metodologia e filosofia próprias, criado por Andrew Taylor Still (1828 - 1917). Baseado na anatomia, fisiologia e semiologia, atualmente é recomendado pela OMS. A filosofia preza a importância dos processos naturais do corpo e grande parte dos tratamentos é pautada nos mecanismos reguladores do sistema nervoso central e autônomo (N. do T.)

estivessem se tornando aceitas, todos descreditavam os terapeutas. O primeiro centro que me acolheu foi o Life Centre. Sua fundadora, Louise White, estava a princípio cautelosa em empregar uma terapeuta. Porém, sua mente aberta permitiu-me que a ensinasse sobre os poderes da cura. Ela foi capaz de ver os grandes benefícios do equilíbrio energético e, mais de 10 anos depois, ainda vem me ver.

O processo de cura dos meus pacientes não é passivo. Eles têm que fazer a parte deles. Precisam responsabilizar-se por si próprios, tanto por seu corpo quanto por suas emoções. O processo de cura é também um aprendizado sobre os limites do próximo: ensina não apenas a se proteger, mas também a respeitar o espaço das outras pessoas. Eu também deixo claro que a chave da cura é ter moderação em tudo: como você come, como se comunica com as pessoas, como gasta energia e como passa o tempo. Nada deve ser feito em excesso. Eu ensino as pessoas a reconhecer seus próprios limites e os limites dos outros.

Minha mãe me ensinou que o aprendizado nunca termina. Foi com ela que aprendi que a vida é um processo criativo: você nunca deve parar de estudar; deve sempre estar fazendo coisas novas. Só assim você se sente criando alguma coisa de verdade.

Meu objetivo com este livro é compartilhar o meu conhecimento e meus segredos. Antigamente, eu só podia deixar esses conhecimentos disponíveis para meus pacientes; agora, é possível levar o que eu aprendi para o maior número de pessoas possível. Eu avalio isso como uma forma de cura à distância. Esse conhecimento vai lhe mostrar como acessar seus poderes secretos e realizar seu sonho de uma vida mais feliz e saudável.

INTRODUÇÃO

Você quer viver a vida ao máximo?

Este é o meu desejo mais profundo: que todos os seres humanos desfrutem ao máximo de suas vidas. Como sou a quinta geração de uma família de terapeutas, recebi como herança o conhecimento de técnicas especiais que ajudam as pessoas a equilibrar suas emoções, corpos e mentes. Eu atendo a inúmeros pacientes todos os dias, mas tenho as limitações de todos os seres humanos.

Foi por isso que escrevi este livro, para tornar essas energias secretas e poderosas disponíveis ao maior número de pessoas; eu queria compartilhar meu programa de saúde total. As técnicas aqui apresentadas são as mesmas que ensino aos meus pacientes. Elas são incrivelmente poderosas e trazem resultados surpreendentes – se você as seguir com cautela e disciplina.

Eu uso a palavra "secretas" de propósito, porque posso dizer que a maioria das técnicas deste livro não eram conhecidas no Ocidente. Por outro lado, alguns conceitos, como chacras e auras, talvez sejam familiares. De qualquer forma, todos esses conhecimentos irão ajudá-lo a dominar os seus poderes interiores e a transformá-lo da "vítima" passiva que tem sido por toda a vida em um indivíduo poderoso, no comando do próprio destino.

Você está realmente com boa saúde?

A boa saúde é um dos tesouros mais importantes de nossa vida. No entanto, quantos de nós a valorizamos? Muito poucos, na verdade, a não ser aqueles que têm problemas. Eu nunca deixo de me espantar como nós, seres humanos, desprezamos nosso corpo. Os homens inventaram a eletricidade, os aviões e os satélites. Também descobriram os segredos do átomo e revelaram o código genético. A criatividade da mente humana não tem limites. Parece que conseguimos mudar tudo o que nos cerca – exceto a nós mesmos!

Apesar de todo o nosso conhecimento e tecnologia, ainda não sabemos como controlar a nós mesmos. E somos incapazes de viver em harmonia uns com os outros, com a natureza e com o mundo que nos cerca. Nós simplesmente não sabemos como ser saudáveis.

Você está com uma sobrecarga tóxica?

A civilização tem se concentrado em dominar o nosso ambiente externo, em conquistar a natureza. O resultado disso tem nos levado ao aumento crescente de problemas ecológicos. Atualmente, nossa carga tóxica é enorme, e vem aumentando o tempo todo. Estamos poluindo não apenas o mundo, mas também o nosso próprio corpo. A revolução tecnológica nos trouxe grande conforto, mas ao mesmo tempo gerou doenças ecológicas. Isso tem diminuído o desenvolvimento espiritual de nossa personalidade, entorpecido a nossa intuição e embotado a nitidez de nossos sentidos. Nós nos distanciamos da natureza e ignoramos as leis de um desenvolvimento harmonioso. Agora, estamos pagando um preço caro. Muitas das doenças modernas são o resultado de termos desequilibrado o ambiente externo – e a nós mesmos. Estamos desconectados do mundo, das outras pessoas e distantes de nós mesmos.

Você quer uma "cura rápida"?

A verdadeira e saudável evolução deve começar a partir da força pessoal e de uma forte crença nas ilimitadas possibilidades e recursos que possuímos. Tenho de concordar com o famoso autor russo Leon Tolstoi, conhecido muldialmente não apenas como um grande escritor, mas também por sua grande sabedoria. Ele advertiu a humanidade com estas palavras:

"É divertido ver que as pessoas fumam, bebem em excesso, são preguiçosas e transformam a noite em dia, e, ainda assim, esperam que os médicos as mantenham saudáveis."

Essas palavras são especialmente importantes para os dias de hoje, quando estamos num momento de crise ecológica e espiritual.

Nós ficamos preguiçosos. Esperamos que os médicos ou terapeutas nos "corrijam" sem que haja nenhum esforço de nossa parte. Mas mesmo o melhor médico, o mais talentoso terapeuta, não poderá ajudá-lo a menos que você, o paciente, escolha tomar parte na cura. Você tem que se decidir por envolver-se na descoberta de seus próprios recursos. Fazer isso nem sempre é fácil. Pode ser muito difícil e desafiador, sobretudo porque muitas vezes implica repensar seu estilo de vida, mudando profundamente os seus hábitos.

Vivendo uma vida saudável

Muitas pessoas levam uma vida de exageros. Todos nós precisamos comer, beber e dormir, mas o que é de vital importância é aprender a ser moderado.

Vivemos numa cultura que acredita existir uma pílula para cada doença. Temos remédios para amortecer cada sintoma de nosso corpo. Temos pílulas para atenuar cada emoção negativa que exige a nossa atenção. Sim, as pílulas podem ajudar a evitar doenças e algumas vezes as curam. Contudo, a verdadeira terapia, a verdadeira cura é a medicina preventiva – é nela que deveríamos nos concentrar. O que não entendemos é que a cura está dentro de nós. Estamos tão acostumados a recorrer apenas aos poderes médicos que esquecemos que, em muitos casos, a nossa própria intuição pode ajudar muito mais. Se reprogramarmos a nossa mente, o nosso eu interior pode nos habilitar a nos tornarmos nossos próprios terapeutas, nossos próprios médicos, nossos próprios criadores. Você pode conseguir isso apenas ativando e honrando os seus poderes interiores de cura. Por outro lado, somos capazes – se não agirmos com cautela – de cairmos em desespero e dor. O famoso médico russo, Dr. Nicolay M. Amosov, disse certa vez:

"Há pessoas que cultivam suas próprias doenças, curtindo-as e nutrindo-as. Elas arrastam amigos e parentes ao seu mundo de sofrimento. Essa é a sua maneira de encarar a vida: sempre reclamando sobre o destino e não vivendo, apenas sobrevivendo. Mas nós não devemos desistir. Precisamos encontrar, para nós mesmos, o nosso próprio modo de viver. Será que as pessoas deveriam permanecer como escravas de seu corpo deplorável?"

Eu acho que o propósito da vida é a descoberta da atitude correta e harmoniosa perante a vida e a natureza. A felicidade surge quando as pessoas encontram seu lugar no mundo e vibram harmoniosamente com a natureza. Infelizmente, muitas pessoas estão vivendo como fantasmas. Elas vivem com medo e raiva, impulsionadas pelas próprias tentações.

A ligação entre o seu corpo e sua alma

Existe atualmente um grande volume de literatura falando sobre a evolução espiritual. O movimento New Age nos exorta a assumir um modo de vida mais espiritual. No entanto, é impossível falar de evolução espiritual enquanto não estivermos limpos de dentro para fora e livres de nosso estilo de vida desequilibrado. Pense nisso. Como poderia um músico, ou mesmo um gênio, se expressar totalmente se seus instrumentos estivessem desafinados? Nosso corpo age da mesma maneira.

Tudo tem relação com a sua atitude

Um método de cura, em minha opinião, só pode ser efetivo para o corpo, mantendo-o em boa forma, quando interfere tanto no nível físico quanto no nível energético. Os dois estão entrelaçados – juntos formam uma unidade que não pode ser rompida. Por isso é essencial não apenas trabalhar no nível físico, mas também no nível emocional e mental. Na verdade, você tem que avançar e dar um passo adiante. Para se tornar realmente saudável, você deve curar sua "alma".

Assim, não devemos falar de modo superficial sobre a evolução espiritual; devemos trabalhar a favor desse desenvolvimento. A boa saúde não é apenas o resultado final; é uma parte vital do processo.

O que eu quero dizer com isso? Bom, é muito difícil curar uma doença do corpo sem que você altere a sua atitude em relação à vida, mudando-a para uma atitude positiva. No decorrer deste livro, você vai aprender por que é tão importante controlar as suas emoções negativas: raiva, inveja, ódio e ciúme. Existe um ditado que diz: "Quando o aluno está pronto, o professor aparece." Da mesma forma, acredito que recebemos a informação apenas quando estamos prontos para ela. Meu objetivo nas páginas seguintes é oferecer a minha abordagem completa sobre a cura física, psicológica e espiritual.

Você sacrifica tudo pelo sucesso material?

O estado de harmonia interna é uma coisa muito frágil, bastante afetado por influências internas e externas. Você precisa identificar quais são elas e como controlá-las. No mundo moderno, é difícil para nós aceitar novas maneiras de ser – somos muito condicionados pela sociedade em que vivemos e o objetivo é sempre conseguir ganhos econômicos. Há muitas pressões para sacrificarmos nosso autodesenvolvimento ao chegarmos no altar do sucesso material. Os empregos, as casas e os benefícios materiais tomam uma posição de insalubre dominância sobre nossa vida.

Chegou a hora de criar uma nova vida para você

O propósito deste livro é permitir que você crie outra vida para si e que esteja ciente de todas as forças que podem influenciá-lo. Este livro é um manual para ajudá-lo a dominar sua saúde e adquirir bem-estar. Isso vai envolver dois objetivos principais: em primeiro lugar, será preciso encontrar equilíbrio físico, mental e emocional. Em seguida, criar um ambiente de harmonia com sua família, casa e amigos.

Ao contrário de muitos livros sobre cura e saúde, eu não começo com a limpeza do corpo físico. Começo explicando a importância do seu corpo energético – das muitas e muitas camadas sutis de energia que circundam o seu corpo e correm por ele. À primeira vista, isso pode parecer inquietante e muito estranho. Mas eu lhe peço paciência, que mantenha a sua mente aberta e confie nas técnicas que mostrarei, pois elas terão um enorme impacto em sua vida.

Como usar este livro

Eu sou uma pessoa muito pragmática. Testei cada uma dessas técnicas minuciosamente. E uso aquelas que funcionam de maneira consistente. Cada técnica, cada ritual, cada meditação e cada receita foram incluídos aqui porque funcionam.

Eu preciso de 100% de compromisso

Se você quiser obter os melhores resultados, se realmente desejar curar-se e mudar a sua vida, tem que se comprometer com o processo. Caso contrário, não vai funcionar. Eu não somente li alguns livros e fiz cursos como também uso essas técnicas todos os dias. Portanto, sei o que funciona e o que não dá certo. Se você não se comprometer totalmente, não terá os melhores resultados. É como quando as pessoas começam a fazer exercícios – e ficam todas orgulhosas de si mesmas porque vão uma vez por semana na academia. Isso não é o bastante. Elas estão se enganando, vão levar o resto da vida para conseguir algum benefício porque não estão fazendo o programa direito. É a mesma coisa com o meu programa. Não se trata de meias medidas.

Além disso, é impossível construir uma alma saudável, ter uma energia emocional e mental elevada, se seu corpo físico estiver intoxicado. Do mesmo modo, não se pode embarcar em um novo começo para a sua vida ou em um novo plano para o seu bem-estar se a casa e o ambiente onde você vive estão poluídos e pesados. Eu reconheço que estou esperando muito de você: há uma grande quantidade de informação para ser absorvida. Gostaria de aconselhar que começasse das primeiras páginas e avançasse cuidadosamente. Não se sinta tentado a passar rapidamente pelos exercícios ou pular certos capítulos. Este é um programa completo – e não terá o mesmo efeito se você escolher o que lhe apetecer mais. Você realmente precisa se comprometer. Sei muito bem que a maioria dos leitores são pessoas ocupadas e por isso ofereci muitas alternativas, algumas muito mais fáceis do que outras.

Ouça a sua intuição e confie

Pratique os exercícios com a mente aberta. Se você ficar emperrado num exercício ou achando que não dá para fazê-lo, fique atento. Muitas vezes nós evitamos as coisas de que mais precisamos e elas podem estar exatamente nesse exercício. No entanto, como estou sempre tentando persuadi-lo a compreender melhor sua própria intuição, gostaria que você prestasse atenção a qualquer sentimento que venha de seu âmago. Se algo lhe parece desconfortável, olhe para dentro de você: pode ser que precise trabalhar essa sensação desconfortável ou a sua intuição pode estar lhe dizendo que não é a coisa certa para fazer naquele momento.

Embora seja tentador ir diretamente à desintoxicação física, por favor, limpe a sua casa primeiro e, acima de tudo, prepare-se para uma semana de purificação – ou você vai sobrecarregar seu corpo. Esses métodos de limpeza são poderosos e rigorosos e você precisará seguir os exercícios preparatórios antes de encará-los. Quando tiver completado a limpeza de sua casa e sua desintoxicação física, serei menos rigorosa e exigente – eu prometo! Poderei agir assim porque, a essa altura, sua intuição estará trabalhando mais ordenadamente e você saberá fazer as escolhas de modo mais sábio.

Gostaria de aconselhá-lo a visitar seu médico antes de entrar neste programa ou de praticar qualquer de suas sessões. Se você estiver em boas condições de saúde, provavelmente estará tudo bem, mas é sempre melhor ter certeza. Mas, se você tiver alguma preocupação com sua saúde ou estiver tomando alguma medicação, será indispensável consultar o seu médico. Algumas das receitas, técnicas e terapias necessitam de muita cautela – sempre que possível, incluí alternativas. Mas se estiver em dúvida, pergunte a seu médico.

Gestantes e pessoas com menos de 18 anos não devem se submeter a este programa.

PARTE I
COMPREENDA A FORÇA DE SEU PODER

| Capítulo 1 |

A IMPORTÂNCIA DA ENERGIA

Você costuma olhar as pessoas bem-sucedidas ou poderosas e se perguntar como elas conseguiram? As possibilidades são trabalho duro ou, pelo menos, determinação. Tanto uma hipótese como a outra exigem elevadas doses de energia. Talvez você ache que não conseguiu a mesma coisa porque carece de energia. É muito importante entendermos como nos sentimos e o que podemos alcançar.

A compreensão sobre a energia e como ela se relaciona conosco é vital para o processo de cura que levaremos a cabo neste livro. Você provavelmente já conhece um pouco sobre a energia. A maioria de nós está consciente (através dos incontáveis livros e revistas sobre dietas) de que ingerimos energia na forma de calorias e as gastamos ao viver, respirar e nos exercitar. Você pode ter alguma compreensão sobre *chi*, a energia vital, através do feng shui ou da acupuntura. No entanto, para nosso propósito, precisamos de uma compreensão mais sofisticada do que é essa energia.

Einstein descreveu a matéria como uma forma de energia. Tudo é feito de moléculas e as moléculas são átomos em permanente estado de movimentação. Seus movimentos liberam energia. Por isso, tudo – um homem, um cachorro, uma pedra, uma árvore ou uma mesa –, tudo mesmo, está liberando energia. Todas as coisas ao nosso redor estão vibrando com energia.

A energia é a chave da existência

Portanto, se até objetos estáticos liberam energia, imagine o quanto é liberado pelos seres vivos. Pense na energia emitida pelos seres humanos. A energia é o começo, o meio e o fim de toda uma vida, a chave da existência. Imagine, por um momento, que seu corpo é um táxi. Se você quiser que ele o leve a algum lugar, você tem que dizer ao motorista para onde ir.

Agora, imagine que o motorista é a sua energia. Se você conversar com o carro, ele não irá levá-lo a lugar nenhum; você tem que conversar diretamente com o motorista.

Portanto, a razão pela qual não conseguimos atingir bons resultados na vida, sejam físicos ou financeiros, é porque a maioria de nós continua a conversar com a parte errada de nós mesmos. Simplesmente não descobrimos quem é o "patrão"!

Seu campo de energia pessoal

O conceito de que somos um "ser de energia" pode ser difícil de entender e talvez você já esteja confuso, achando que nunca conseguiu reconhecer o seu campo energético. Você não é o único. A maioria de nós não tem as ferramentas necessárias para fazer isso. Porque não fomos ensinados a reconhecê-lo e compreendê-lo. A nossa cultura é muito materialista – entende o corpo físico e não muita coisa mais, e certamente não conhece a energia. Nós fomos condicionados a não compreender essas coisas e o poder desse condicionamento é muito maior do que pensamos. Não se sinta mal se tudo que falo é novidade para você. E também não há problema se você já tiver consciência da energia, mas nunca foi capaz de descobrir onde ela está ou como ela o afeta. Aqui, vou mostrar como fazer isso passo a passo, e você vai aprender como descobrir e trabalhar com a energia. Assim que você aprender como se comunicar com a sua, a de outras pessoas e a energia do mundo que o cerca, você começará a controlar sua vida. Você estará no controle do seu próprio destino em vez de ser jogado de um lado para o outro.

Por acaso você tem o "sexto sentido"?

Estou quase apostando que você tem noção de sua própria intuição, que já sentiu uma energia no trabalho, mas não sabe o que é. Quantas vezes na vida você teve certas reações adversas e disse que foi o sexto sentido? Com que freqüência você cruza com pessoas que parecem que estão drenando ou reenergizando você? O que significa quando dizemos "havia química entre nós"? Essa é a energia da qual estou falando. Essa é a energia que você precisa conhecer: primeiro, para reconhecê-la, e, depois, para dominá-la.

Por que isso é tão importante? Pois bem, o primeiro princípio da boa saúde é uma energia saudável. Se ela estiver saudável, seu corpo e sua vida estarão igualmente saudáveis. Você saberá quem você é, o que quer da vida e a maneira certa de conseguir o que deseja. Nós somos únicos, e é bem possível que o seu caminho seja diferente de outra pessoa qualquer.

A abordagem tradicional

A medicina tradicional é uma ciência que estuda as doenças e a forma de tratá-las. Não se trata de bem-estar ou saúde. Se você conversar com seu médico sobre alguma doença, ele ou ela irá dizer-lhe tudo sobre essa doença e as formas de curá-la. Mas se você perguntar sobre a sua saúde e como mantê-la, é mais provável que não obtenha muita orientação. A medicina tradicional lida com comprimidos, injeções e cirurgias – muitas vezes tratando os sintomas e raramente a causa. Ela não trata dos pacientes de maneira individual: o paciente quase desaparece no diagnóstico geral – você não é mais a "Susana", você se tornou uma "enxaqueca" ou um "reumatismo". A medicina holística tem uma abordagem diferente, reconhecendo que a nossa personalidade, a nossa individualidade, tem que vir em primeiro lugar e nossa condição física em segundo. A medicina holística ajuda as pessoas doentes a não se definirem pela doença e essa é uma parte essencial da recuperação. Já a medicina tradicional lida com o corpo físico e apenas com ele. Se você puder aprender a trabalhar com a energia, será capaz de interromper a doença ainda no nível energético, antes que ela se manifeste no nível físico. Você poderá prevenir a doença com mais facilidade.

É claro que a medicina tradicional ajuda muitas pessoas. Mas, algumas vezes, você não apresenta nenhum sintoma de doença. Só que isso não significa necessariamente que esteja saudável...

Você está apenas sobrevivendo?

Nós estamos tão acostumados a achar que nos sentimos bem que não percebemos que poderíamos nos sentir muito melhor. Não viva a vida "sobrevivendo": aprenda a viver ao máximo. A minha convicção é a de que todos nós podemos ser nossos próprios terapeutas. Não me interpretem mal – eu não sou contra os médicos e evidentemente não estou sugerindo que dispense o seu. Muito longe disso. Na verdade, envio meus pacientes aos médicos, especialistas e consultores, para que possamos trabalhar em conjunto. O que eu acho, no entanto, é que a verdadeira cura e o verdadeiro bem-estar vêm de dentro.

Então, finalmente, vamos começar a trabalhar!

| Capítulo 2 |

A ENERGIA QUE RODEIA VOCÊ: COMO ACESSAR SEU PODER

Quão bem você realmente se sente?

Reconhecemos facilmente nosso corpo físico. Qualquer estudo de anatomia vai lhe dizer do que ele é feito: massa muscular, ossos e assim por diante. Ele é fácil de se ver, de tocar e de sentir. É nutrido pelos alimentos. Mas ninguém nos fala sobre a complexa estrutura de um ser humano, os centros energéticos e quais os caminhos que a energia percorre no corpo. Ninguém nos conta sobre as camadas invisíveis e vitais que cercam o corpo físico. A sua presença foi registrada pela fotografia de *Kirlian*[3], um método fotográfico de alta velocidade que capta a energia intensa que existe ao redor de tudo, como ilustrado na página seguinte.

A maioria de nós compreende a estrutura de nosso corpo físico, o que é essencial para cuidar dele. Mas temos a tendência de ignorar nossa "aura". Esse é um grande erro, já que as várias camadas dessa energia desempenham um papel muito importante em nosso bem-estar. Para que possamos nos cuidar adequadamente, temos que estar conscientes das diferentes camadas de energia que possuímos, bem como conhecer a anatomia de nosso corpo físico.

Como ser saudável de corpo e alma

Se você trabalhar apenas com o corpo físico – quando a raiz do problema reside na sua energia – a "cura" será temporária. Podemos definir uma pessoa saudável como alguém que tem saú-

---

3 Semyon Davidovich Kirlian (1898 - 1978) foi um cientista, pesquisador e inventor russo que, em conjunto com sua esposa, Valentina Khrisanovna Kirliana, descobriu, em 1939, os efeitos e os fenômenos que envolvem os campos energéticos que contornam os seres vivos (usualmente chamados de "aura"). Também criaram um método para o seu registro fotográfico, chamado bioeletrografia ou kirliangrafia, registrando assim as sutilezas do corpo / campo energético. Em algumas regiões usa-se esse método para diagnosticar doenças ou fazer prognósticos diversos sobre um indivíduo. (N. do T.)

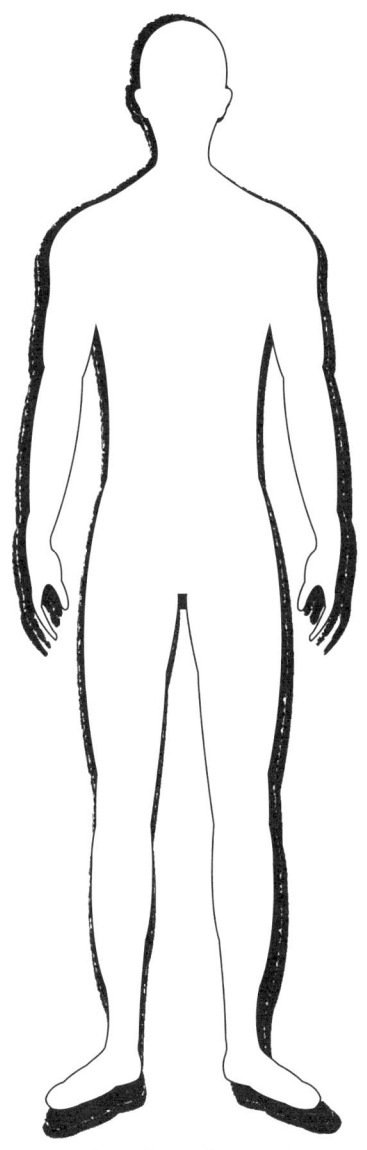

Fotografia kirliana do corpo humano

de tanto no corpo físico como na aura. Mesmo que apenas uma camada desse campo energético esteja danificada, o prejuízo pode manifestar-se em diferentes níveis em nosso ser. Por exemplo, se você ficar doente no nível físico, isso irá afetar as vibrações de energia no nível emocional, e vice-versa. Portanto, uma aura – o campo energético – saudável e incólume é crucial para a saúde.

A nossa aura não existe de forma independente da natureza: ela nasce pela colisão de dois campos energéticos. Um campo de energia desloca-se a partir do solo, enquanto outro vem sobre nós do universo. Essas forças magnéticas opostas, canalizadas através de nosso corpo físico, dão existência à aura.

Nossa aura tem uma estrutura muito específica e é composta de 7 camadas. Imagine aquela famosa boneca russa *Matryoshka*[4]: a aura é como ela. Nosso corpo físico é a boneca menor e, ao redor dela, estão as outras bonecas – as camadas de nossa aura –, cada uma maior do que a anterior. No entanto, ao contrário da boneca, cada corpo invisível se interconecta com o outro. Vou detalhar apenas os três primeiros corpos, aqueles que estão mais próximos de nosso corpo físico. São esses corpos invisíveis que tentaremos deixar em equilíbrio neste programa.

A matriz energética do corpo

O corpo etéreo é uma cópia exata do corpo físico. Ele permeia o corpo físico e segue os mesmos contornos, mas é um pouco maior, estendendo-se até 5 cm para além dele.

Essa matriz energética atua como um elo de ligação entre o

---

4 Surgida em 1890, quando foi instituída a produção de brinquedos educativos e folclóricos na URSS. As primeiras Matryoshkas reproduziam as camponesas, com trajes coloridos, aventais e instrumentos de trabalho. Quer dizer "mãezinha" em russo e representa a figura da família. É uma bonequinha de madeira que se abre ao meio e tem dentro outra igual, mas de menor tamanho, que por sua vez contém outra, igualmente recheada com outras cada vez menores, numa seqüência que varia de oito, geralmente, e que se repete em escala decrescente de tamanho. (N. do T.)

mundo físico e os tipos de matéria não-física, porém sensíveis. Essa é a energia que é capturada pela fotografia de Kirlian. A matriz energética pode ter diferentes cores: uma pessoa muito sensível terá cor azulada; uma pessoa atlética terá uma aura alaranjada. Quanto mais escura, densa e pesada for essa cor, maior a possibilidade de alguma doença.

A matriz energética é por onde a energia caminha, e esses percursos são conhecidos como meridianos. Um dos mais importantes princípios da acupuntura é trabalhar com esses fluxos energéticos – os meridianos. Portanto, esse corpo etéreo é o gêmeo energético de seu corpo físico – é por isso que ele é um indicador confiável de sua saúde física. Quaisquer mudanças nele são refletidas nesses meridianos e vice-versa.

O corpo das emoções

Esse segundo corpo – o corpo emocional – se estende para além do corpo físico entre 5 cm e 10 cm. E tem uma borda claramente definida, que espelha o corpo físico. No entanto, seu interior está em constante movimento. Você pode imaginar esse corpo "emocional" como se fosse uma lâmpada feita de lava, com diferentes feixes de matéria fluindo para dentro e para fora de cada um, unindo-se e separando-se. Em uma pessoa emocionalmente saudável, esse fluxo move-se sem esforço, levemente. Por outro lado, em uma pessoa que vive uma explosão de emoções negativas ou agressivas, haverá uma coagulação da energia.

As cores dessa energia também mudam. Se você estiver saudável, a cor deverá ser clara. Se não estiver, as cores serão cinza e marrom escuro. Se você achar difícil se libertar das emoções negativas, sua energia irá estagnar, coagular e o obstruir – afinal, a energia irá transformar-se em um estado permanente. É bom avisar: as emoções negativas podem facilmente tornar-se hábitos! Sentimentos como inveja, agressividade, ressentimento e relacionamentos pouco harmoniosos com as pessoas – e com você mesmo – podem promover a estagnação e bloquear essa energia emocional. Esses bloqueios ainda criam efeitos negativos em nossa saúde. Para isso, usamos expressões como "louco de raiva", "pessoa amarga" e "doente de preocupação". Tenha cuidado, não são apenas forças de expressão.

Por que razão somos atraídos por algumas pessoas e não por outras? Trata-se de seu corpo emocional nos atraindo ou repelindo. Quanto mais estivermos em sintonia e quanto mais compreendermos as nossas emoções e o que desencadeia a estagnação nessa energia, mais acurada será a nossa intuição.

O corpo mental

Essa é a terceira camada. Trata-se do corpo dos pensamentos, conhecimentos e experiências. Esse corpo é altamente desenvolvido naqueles que ocupam o intelecto de forma regular, e menos evoluídos naqueles que não fazem isso. Ele se alarga entre 10 e 20 cm além do corpo físico e também o circunda. Ele é amarelo brilhante e flui do topo da cabeça para baixo. Quando as pessoas estão empenhadas em intensa atividade mental, essa energia tende a expandir-se e sua cor torna-se mais brilhante. Costumamos nos referir às pessoas inteligentes como pessoas "brilhantes". Também existem agrupamentos de energia que podem estagnar por aqui. Um espírito aberto permite que o fluxo energético flua e se torne receptivo a novos pensamentos e idéias. Uma mente fechada e negativa impede o fluxo de energia e conduz à estagnação. Todos os nossos pensamentos, idéias e lembranças carregam certa quantidade de energia, que forma o corpo mental.

Algumas lembranças têm uma forte ligação com sua energia emocional. Por exemplo, se você foi abusado na infância, as memórias do seu agressor terão uma coloração emocional muito forte, na maioria das vezes, opaca. Em contraste, a lembrança de um acontecimento insignificante em sua vida perderá a coloração emocional muito rapidamente. Ela poderá ainda vir a afetar você no nível mental, mas não terá o mesmo impacto de uma lembrança que combine suas energias emocionais e mentais. A energia mental, conjugada com uma energia emocional negativa, pode drenar sua energia durante anos e afetar o seu bem-estar físico.

Gostaria que você começasse a perceber que toda experiência que vivemos deixa uma pegada em nosso caminho energético. Sua atitude perante esses eventos – e sua capacidade de passar por cima de experiências ruins – vão indicar o estado geral da saúde e do bem-estar de sua energia mental. Todos nós passamos por experiências difíceis e desafiadoras durante a vida. Você precisa ter cuidado para não se permitir imprimir pegadas sujas em sua energia mental. Sua postura é importante demais para a saúde dessa camada energética.

Os chacras e os meridianos

Agora vou olhar mais de perto a nossa aura, para explicar como ela funciona. Sei que tudo isso é bastante teórico, mas é muito importante. Se você pretende ter controle sobre sua saúde e bem-estar, então é preciso entender como funciona nosso sistema energético. Considere esta parte do livro como se fosse o manual de seu carro ou de seu computador.

O que são chacras?

A aura do ser humano apresenta áreas que servem como depósitos de energia. Eles armazenam a energia para depois distribuí-la para nosso organismo. São conhecidas como "chacras", em sânscrito, e como o termo já é bastante conhecido, vou usá-lo por todo o livro. Mas é importante observar que o conceito de centros de energia não se limita à filosofia indiana, existem filosofias semelhantes em muitas outras culturas. Se formos traduzir o termo do sânscrito, chacra significa "roda", porque são centros de energia que giram como se fossem rodas – talvez fosse melhor descrevê-los como tornados.

O importante aqui é – mesmo se você achar que o conceito de chacra é esotérico demais, e eu não quero realmente me envolver com o seu conceito filosófico – saber que eles são bastante úteis para trabalhar os diferentes estados energéticos em seu corpo mental, físico e emocional. Reflita sobre eles e provavelmente encontrará muitas coisas que farão sentido para você.

Para que servem os chacras?

O objetivo dos chacras é o de transformar a energia que recebem de diferentes fontes (dietas, relacionamentos etc.) em formas de energia que nosso corpo possa utilizar. Cada chacra em nossa aura está firmemente conectado ao corpo físico e regula certos processos fisiológicos. É por isso que, quando um de nossos chacras está danificado, o sofrimento pode ser imediatamente detectado em algum órgão correlacionado a ele.

A nossa saúde depende do bom funcionamento dos chacras. Quando um chacra está saudável, pode se comparar a um furacão em miniatura. Mas se ele estiver danificado, perde o vigor. Todas as pessoas têm 7 grandes chacras e eles estão distribuídos em locais específicos ao longo da coluna vertebral.

Cada chacra cria uma vibração, uma freqüência que se correlaciona com uma determinada cor e som. As cores afetam o nosso corpo de um modo muito específico. A cor é a expressão da força vital da luz, a força que nos mantém. O que nós enxergamos como uma determinada cor é, na verdade, um feixe de onda de energia ativa em movimento. Cada feixe de onda tem características únicas que nos impactam de uma maneira específica. As cores em torno de nós estão em constante interação com nosso corpo, sentimentos e emoções.

Que trilha sonora você está ouvindo?

Assim como a música, as cores também nos afetam num nível vibracional, e acho que todos reconhecem que os vários estilos musicas podem nos afetar de diversas maneiras. Pense nisso quando estiver na academia. Você estava se extenuando na esteira quando um rock pulsante soou no sistema de som e, de repente, você retomou a velocidade e a energia e conseguiu correr mais um quilômetro. O mesmo se aplica às cores. Cada chacra em nosso corpo irá chamar a energia de uma cor específica. Quando um chacra estiver desenergizado, haverá uma escassez da sua cor; quando ele estiver superenergizado, haverá excesso de sua cor correspondente – por exemplo, vermelho demais na aura irá levar a uma raiva excessiva. O que torna difícil para nós é integrar os aspectos positivos da cor. Quando chegarmos ao programa de desintoxicação, vou mostrar exercícios que darão equilíbrio às cores nos chacras – e, conseqüentemente, ao corpo.

Vou descrever brevemente cada um dos 7 chacras. À medida que você ler, avalie se existe algum que lhe faça sentido em particular.

O chacra base – o centro do cóccix

Este é o chacra mais baixo, localizado na base da coluna vertebral e posicionado entre o ânus e os órgãos genitais (ver ilustração p.36). A tradição antiga descreve essa localização nas mulheres como sendo a parte de trás da parede do útero e, nos homens, na próstata. Esse chacra é considerado a nossa essência, nossa base central e fundamental para a sobrevivência. Sua função é nos dar energia e estabilidade.

Se a nossa vida não está indo bem, se o nosso bem-estar está em jogo, então esse chacra não está ativado. Ele é também um dos principais reservatórios de energia. No nível físico, está relacionado com os órgãos reprodutores, o ânus e as pernas. Quando está desequilibrado, ficamos suscetíveis a hemorróidas, inflamação na próstata e nos ovários ou a problemas circulatórios nas pernas.

Esse primeiro chacra alimenta a nossa capacidade de sobrevivência, nos torna confiantes e equilibrados – características necessárias para nos estabelecer como seres humanos. É um canal direto para absorver a energia que vem da Terra.

Ele tem cor avermelhada e é representado pela nota Dó, uma nota da escala mais grave.

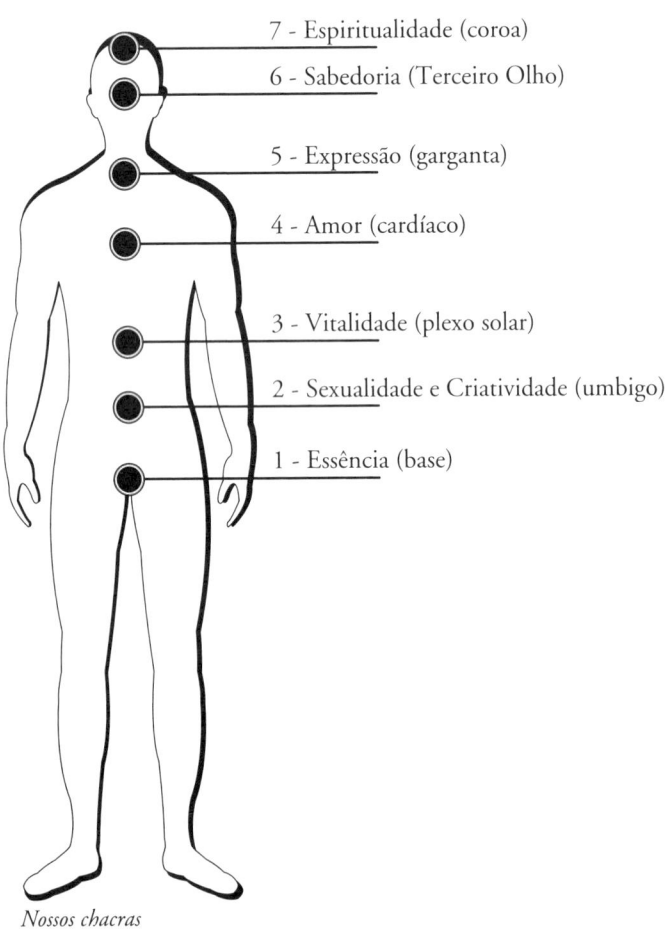

Nossos chacras

O chacra do umbigo

Baseado no centro da parte inferior do abdômen, está entre a região pubiana e o umbigo. Na antiga filosofia, ele rege a vitalidade interior. Sua função é absorver e armazenar a energia vital dos alimentos (conhecida como *qi* [5] ou *prana*[6]). Ele está conectado à função sexual e ao potencial criativo. Na Índia, dizem que o despertar desse chacra nos dá longevidade e saúde. Ele é também um centro importante no sistema imunológico do organismo. Nas artes marciais, dá-se enorme atenção a esse chacra, pois trata-se de uma fonte de energia necessária para talhar – quebrar de um só golpe – a madeira com as mãos nuas. A energia desse chacra controla nossas glândulas suprarrenais, rins e bexiga e está relacionada com o ovário feminino. Quando ele está desequilibrado, podemos sofrer de impotência, frigidez e hipersexualidade, doenças nos rins ou bexiga e infertilidade. Mas se o chacra funciona bem, ele nos alimenta de energias como paciência e perseverança. Esse é o centro do apego e do desapego, que mantém as coisas sob controle. Se você deseja se controlar, precisa aprender a manter este chacra sob controle. Ele também está relacionado com o nascimento, seja de uma criança ou de uma idéia, como um poema ou qualquer outro empenho criativo. O apetite sexual e a criatividade utilizam a energia desse chacra.

De cor alaranjada é representado pela nota musical Ré.

O chacra do plexo solar

Está localizado na região do plexo solar, acima do umbigo e abaixo das costelas. Responsável pela vitalidade, ele é um dos chacras mais importantes porque governa nossa energia visível, nossa

---

5 - Qi: concepção oriental que corresponde a todas as funções da energia corporal representadas pelo funcionamento do metabolismo. (N. do T.)

6 - Prana: conceito teosófico de origem indiana que em sânscrito significa princípio da vida, vida, viver, respiração, energia, corpo vital. (N. do T.)

capacidade de atuar de forma enérgica e de realizar tarefas. É ele que nos conecta com o mundo exterior e, pode perceber, quando não temos certeza de alguma coisa, intuitivamente cruzamos os braços e o protegemos. No passado, as pessoas acreditavam que o despertar desse chacra nos daria poderes sobrenaturais e a capacidade de suportar temperaturas extremas, seja muito frio ou muito calor.

Quando está equilibrado, a pessoa é cheia de energia. Ele alimenta o fígado, o baço e o sistema digestório.

Seu desequilíbrio pode levar a úlceras, cálculos biliares ou má digestão. É responsável ainda por características como determinação, independência, força de vontade e energia. Quando desequilibrado, você pode ficar irritadiço, ganancioso, sem confiança e cheio de culpa.

Sua cor é o amarelo e sua nota musical é Mi.

O chacra cardíaco
Está posicionado no centro do peito, eqüidistante dos mamilos. Trata-se do centro emocional e espiritual do corpo. Você o aciona com as pessoas que ama e está fortemente ligado aos nossos pais. Muitas culturas acreditam que é o local onde vive a alma e, repare, quando falamos sobre a nossa alma temos a tendência de colocar a mão sobre esse chacra. Expressões como "isso corta o meu coração" se relacionam a ele. No Tibete e na Índia, acredita-se que a essência da individualidade está situada no 4º chacra.

Por isso, em muitas religiões, a prática espiritual e a meditação sobre o amor estão conectadas a ele. Acredita-se também que ele desperte a beleza interior, deixando o corpo atraente e ativando a capacidade de percepção extra-sensorial.

O 4º chacra regula e sustenta nosso biorritmo. Está ligado ao coração, pulmões e sistema respiratório. Quando não funciona corretamente, pode levar a doenças cardíacas, hipertensão e doenças respiratórias. Quando está regulado, relaciona-se com qualidades como amor, bondade e eficiência. Quando está desregulado, as pessoas se tornam emocionalmente passivas e insensíveis. Sentem-se miseráveis.

Esse chacra é verde e sua nota musical é Fá.

O chacra da garganta

O 5º chacra confere a capacidade de acessar o passado e o futuro. No Japão antigo, achava-se que esse chacra regia os sonhos. Ele é o centro da estética. É muito sensível a quaisquer mudanças nas emoções, por exemplo, nas nossas reações perante à arte. Ele gira quando você fala sobre beleza, estética e ética. Ele é o mundo da apreciação da beleza. Quando você assiste a um balé e se conecta à sua beleza artística, está olhando através do prisma desse chacra. Às vezes, quando você se emociona ouvindo uma música que lhe toca, sente o calor e a alegria espalhando-se pelo seu corpo como se subisse até a garganta. Uma tosse nervosa antes de um compromisso importante é a nossa tentativa de ativar o chacra e liberar a sua energia. As pessoas nas quais ele é dominante, tendem a ser artistas ou a trabalhar em áreas criativas. Outras, têm a beleza da vida e da alma como aspectos de grande importância.

Esse chacra é também o centro da expressão verbal e de comunicação com o mundo exterior. Os órgãos ligados a ele são a tireóide, as vértebras do pescoço, o maxilar inferior e a traquéia. Doenças nesse chacra levam à inflamação na garganta, doenças na tireóide, gripes e ao desconforto no pescoço. Quando ele funciona normalmente, a comunicação e a expressão fluem, seu potencial criativo aumenta, assim como sua inspiração. Mas, quando está desequilibrado, ficamos propensos a comportamentos e idéias obsessivos. Nós ficamos presos a padrões de comportamento e nos tornamos muito menos expressivos. Também é o chacra da culpa.

Sua cor é ó azul-claro e sua nota musical é Sol.

O chacra do Terceiro Olho

Encontra-se no meio da testa, entre as sobrancelhas. Esse local é conhecido como o "Terceiro Olho".

Na China, o 6º chacra é considerado o centro da sabedoria e por isso é o mais importante. Está ligado à meditação, às habilidades paranormais e à vontade. É o chacra da intuição e da estratégia. Aqueles que têm o Terceiro Olho saudável e ativo são bons estrategistas. Sempre sabem o caminho para sair de qualquer dificuldade. Os bons líderes usam esse chacra. Na Antiguidade, o Terceiro Olho era muito ativo nos magos, xamãs e clarividentes. Todos já ouviram falar do famoso mantra "*OM* [7]" – ele está relacionado ao 6º chacra.

Profundamente ligado à hipófise, ao cérebro e ao pescoço, quando funciona normalmente ativa o intelecto, as habilidades psicológicas, a imaginação e a capacidade de ver as coisas de forma clara e vívida. Se o indivíduo estiver desequilibrado, vai sentir falta de concentração, a mente estagnada e propensão à esquizofrenia. O desequilíbrio leva a dores de cabeça e má conexão entre consciente e subconsciente.

Sua cor é um azul-turquesa brilhante e a nota musical é Lá.

O chacra da coroa

Encontrado no topo da cabeça, a moleira das crianças. De acordo com a literatura esotérica, esse chacra existe acima do topo da cabeça, não exatamente sobre ela ou dentro dela. Representa a conexão com o Eu Superior do indivíduo. Se esse chacra estiver aberto, pode levar à iluminação. Você reconhece quando ele está ativado durante aqueles raros momentos maravilhosos em que você não sente ne-

---

[7] - O Om é considerado o mantra mais importante do hinduísmo e de outras várias religiões. Diz-se que ele contém em si o conhecimento dos Vedas (Verdade) e é tido como o corpo sonoro do Absoluto. Corresponde ao som do infinito e à semente que "fecunda" os demais mantras. O som é formado foneticamente pelo ditongo das vogais 'a', 'e', 'u', mais a nasalização, representada pela letra "m". (N. do T.)

nhuma restrição de tempo ou espaço. Segundo muitas culturas antigas, é o lugar onde as almas deixam o corpo. No Tibete, quando alguém morre, costuma-se raspar o cabelo do topo da cabeça para ajudar a alma a deixar o corpo. Em muitas religiões atuais, ainda é considerado importante manter a cabeça coberta, para proteger a parte do corpo que está em comunicação com Deus.

Esse chacra é ativado quando discutimos problemas, e se desconecta quando começamos a discutir táticas. Quando você começa a pensar sobre como resolver um problema, o 6º chacra participa. O 7º chacra escolhe então o que é importante e o que é secundário. Ele responde muito bem ao entoar dos mantras.

Na Índia, um 7º chacra bem desenvolvido está ligado à iluminação, ao amor cósmico superior e à habilidade de aceitar a energia do Universo. Isso acontece quando você se sente em sintonia com o mundo, quando se sente protegido, ligado ao Universo. Porém, quando o chacra está desequilibrado, você se sente desligado de tudo, sua mente alucina e sua cabeça parece estar cheia de abelhas zumbindo em uma colméia. Drogas alucinógenas como *ecstasy* e LSD afetam o chacra e destroem seu equilíbrio, levando a psicoses ou ataques de pânico. Quando ele não está funcionando direito, também pode levar a uma pressão arterial intracraniana alta e tumores cerebrais.

Esse chacra é violeta e sua nota musical é Si.

Os caminhos energéticos (meridianos)

A energia do corpo flui através de canais conhecidos como *nadis*[8] na tradição ayurvédica, ou meridianos, na medicina chinesa. Quando os acupunturistas e clínicos ayurvérdicos trabalham, usam esses percursos de energia. Os três mais importantes meridianos são conhecidos como mágicos ou divinos. Vamos analisá-los brevemente.

---

[8] A palavra "nadi" vem da raiz *nad* – do sânscrito, que significa canal, canaleta, córrego ou fluxo do nada. Segundo a tradição, é através desses canais que circula o prana, ou seja, a energia vital. (N. do T.)

Canal do Passado
Canal do Presente
Canal do Futuro

Caminhos energéticos

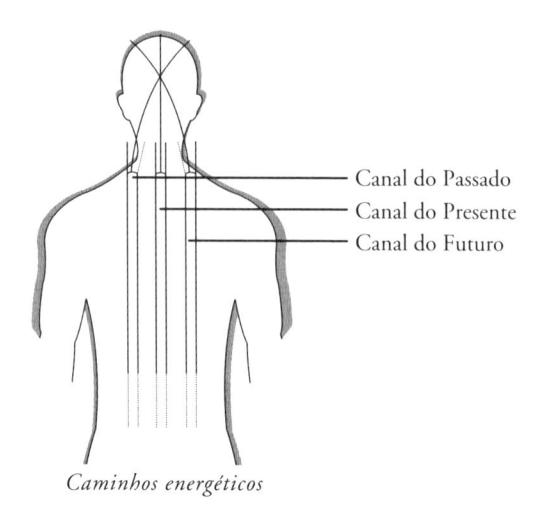

- O canal esquerdo é o Canal do Passado. Ele corre a partir do cóccix, do lado esquerdo da coluna, para o lado direito do cérebro e intersecta o Terceiro Olho (ver p.42) A energia nesse canal está associada à energia feminina e transporta impulsos maternais. As pessoas que vivem sempre no passado – aquelas que costumam dizer "era melhor antigamente" – costumam utilizar a energia desse canal. Ele está fortemente ligado à Lua e também é conhecido como o canal da Lua. Se esse for o seu canal dominante, você tenderá a respirar mais pela narina esquerda, pois essa passagem estará mais aberta do que a direita.

- O canal direito é o Canal do Futuro. Ele vem desde o umbigo, intersecta o Terceiro Olho e viaja pelo lado esquerdo do cérebro. As pessoas que se dispõem a usar a energia desse canal costumam falar sempre sobre o futuro e fugir para ele. Está associado à energia masculina e ligado ao Sol – é o canal do Sol. Se for dominante em você, sua respiração será mais pronunciada pela narina direita.

Muitas pessoas aceitam a energia de um ou de outro desses canais. Se infelizmente você fizer isso, se tornará alheio à realidade, ao que realmente está acontecendo no momento presente. Todos nós conhecemos pessoas que vivem no passado, presas à nostalgia. Da mesma forma, existem outras que estão sempre projetando a energia para o futuro, na esperança de coisas melhores, como se desejassem viver lá.

- O terceiro canal é o Canal do Presente, que conecta você ao "agora". Ele começa no plexo solar e viaja em linha reta até o Terceiro Olho, chegando ao chacra da coroa. Esse é o canal mais equilibrado. As pessoas que usam essa energia vivem no presente, no aqui e agora. Elas respiram uniformemente utilizando as duas narinas. Nem preciso dizer que essa é a maneira de viver mais saudável e feliz.

Todos esses canais podem estar poluídos. Eles são muito afetados pela energia de nossas emoções, pensamentos e alimentação.

Tudo em equilíbrio

Espero que agora você possa entender o quão complexas e multifacetadas são as criaturas humanas. Este livro irá ajudá-lo a manter o equilíbrio não só de seu corpo físico, mas também dos outros corpos. Vamos garantir que todos os seus chacras continuem a girar de maneira saudável, promovendo uma maravilhosa sensação de vitalidade, paz e bem-estar. Vamos procurar maneiras de assegurar que todos os seus canais energéticos corram livremente, enviando energia de cura para todas as partes do seu corpo, mente e emoções. Vamos trabalhar no sentido de prestarmos atenção ao presente, para que não dependamos mais do passado ou fiquemos desejando uma vida lá longe no futuro.

PARTE II
O PODER DE SEU LAR

| Capítulo 3 |

DESINTOXIQUE SUA CASA

Por agora, espero tê-lo convencido da existência e da enorme importância da energia vital. Em breve, iniciaremos o trabalho de limpar a nossa própria energia e nosso próprio corpo. No entanto, temos que garantir que estamos trabalhando num ambiente limpo. Tenho certeza de que agora você começa a entender: nós não vivemos num tipo de grande isolamento, somos afetados pelas pessoas e pelo mundo que nos rodeiam, em particular pela nossa própria casa.

Antes de começar qualquer programa de purificação, é essencial que você limpe o local onde vive. É impossível cuidar da energia interna quando as energias ao seu redor estão estagnadas e intoxicadas. É apenas mediante a transformação da energia presente em seu lar que ele poderá se tornar a sua verdadeira base, um lugar onde você pode relaxar, retomar as energias e reviver.

Da minha experiência como terapeuta, sei que às vezes basta renovar a energia do ambiente que nos cerca para acelerar um profundo processo de cura. Por isso, antes de nos concentrarmos em nossa energia pessoal, recomendo vivamente que limpe a energia de sua casa. O nosso lar precisa nos deixar seguros e cercados por boas – ou pelo menos neutras – vibrações, para que possamos nos abrir ao profundo nível pessoal.

Purifique as impressões registradas em seus campos energéticos

Ao longo dos anos, levamos muitas energias diferentes para casa. Esperamos que sejam sempre boas, o tipo de energia que se cria quando desfrutamos momentos felizes, compartilhamos o amor ou quando trazemos um profundo sentido de paz através da meditação. No entanto, é inevitável levar também as energias raivosas de nossos conflitos, discussões e mau humor.

Além disso, a energia de nossa casa traz resíduos da energia dos antigos proprietários. Quando você se muda para uma nova casa, herda aquela marca energética, ou seja, as informações sobre todos os eventos que aconteceram naquele lugar enquanto os antigos proprietários ali viviam em forma de energia. Inevitavelmente, esses eventos nem sempre foram positivos. Poucas pessoas sabem como uma energia se apega a uma casa e quase ninguém a limpa antes de passá-la adiante para alguém. Por isso, muitas vezes entramos em lugares que estão energeticamente imundos. Se você se sente desconfortável em sua casa, ansioso ou com dúvidas, talvez esteja reagindo às antigas energias do lugar.

Você não pode apenas culpar os outros. Como a maioria das pessoas no Ocidente não tem quase nenhum conhecimento sobre a limpeza do espaço pessoal, é muito comum as casas estarem cheias de energia estagnada do passado. Se a sua casa estiver assim, vai continuar puxando você para o passado.

Pare de entulhar o seu passado em casa

A desorganização física também é um problema. Se você tem uma casa cheia de coisas, é quase impossível não ser engolido emocional e energeticamente. Atravancar a casa com o passado – na maioria das vezes em desordem – o impede de gozar a vida presente. Por mais que você ache que lhe falta capacidade psíquica, a maioria de nós está muito sintonizada com as marcas energéticas de casa. Quantas vezes você já entrou num lugar e ficou incomodado, sem nenhuma razão aparente? Do mesmo jeito, todos conhecem a sensação de entrar numa casa com uma energia equilibrada. Na Rússia, nós chamamos esses lugares por uma palavra para a qual não há uma tradução exata – o sentido mais aproximado seria o lugar "nativo". É aquela sensação de "voltar para casa". Gostaria que sua casa fosse sempre "nativa" para você.

Desobstruindo o caminho

Claro, antes de começar a purificação energética da casa, devemos limpá-la fisicamente. É impossível criar energia positiva e saudável num lugar atravancado, sujo e cheio de poeira. A desordem afeta negativamente a nossa psique e drena a energia vital humana. Você deve avaliar quais as coisas de que precisa e quais aquelas que não usa mais. Livre-se de todas essas coisas; ofereça generosamente às casas de caridade ou faça algum dinheiro vendendo-as pela internet ou para as lojas de produtos usados. Faça uma lista das coisas que precisam ser reparadas e trate de consertá-las. Às vezes pode ser difícil se livrar de algumas coisas – eu compreendo. Mas lembre-se de que você está afrouxando a energia do passado e abrindo espaço para coisas novas, para receber novas energias em sua vida. Uma limpeza profunda pode fazer com que a sua casa necessite de reorganização. Deixe tudo em ordem, limpo e arrumado para a próxima etapa.

Limpeza

Depois que você reorganizou tudo, sua casa deve receber uma bela limpeza. Limpe o piso com aspirador de pó e depois com pano úmido, se for possível. Prepare a água que vai usar para limpar o chão e descarregue toda a energia negativa.

- Coloque ¼ de colher de chá de amônia e 1 colher de sopa de sal marinho para um balde de água. Se desejar, você pode adicionar algumas gotas de junípero (zimbro), sálvia, sândalo ou óleo essencial de hortelã-pimenta. Os óleos também têm o poder de limpar a energia, além de deixar um aroma delicioso no ambiente.

- Abra as janelas para permitir que a energia negativa vá embora.

- Limpe tudo cuidadosamente. Preste atenção aos cantos – a energia estagnada se acumula nesses locais, assim como a poeira. Sempre descarte a água utilizada apertando a descarga do toalete.

Se possível, limpe também as paredes com a mistura. Certifique-se de limpar as janelas para que entre o máximo de luz em sua casa. E como último toque, limpe todos os espelhos. Ao limpar as janelas e os espelhos, faça movimentos no sentido horário para estimular a energia positiva.

| Capítulo 4 |

LIMPE A ENERGIA ESTAGNADA

Depois que sua casa estiver fisicamente limpa, é hora de limpar diretamente a energia do ambiente. Eu sempre recomendo que a limpeza energética seja feita durante o período compreendido entre a lua cheia e a lua nova. Reserve bastante tempo para isso – não é algo para ser feito com pressa. Você também deve escolher um período em que esteja se sentindo bem. As mulheres não devem fazer essa limpeza durante o período menstrual ou durante a gestação, pois a energia estará focada em outro lugar. Desligue o telefone para que não seja perturbada. Deixe as crianças aos cuidados de outra pessoa – elas são muito afetadas pelas trocas energéticas. Certifique-se de que todos os alimentos e bebidas estejam fechados nos armários ou na geladeira. Desligue ventiladores ou ar condicionado, pois eles perturbam o campo energético, tornando a limpeza mais difícil.

Cuidado com seus bichinhos de estimação

Se você tem animais, observe onde eles sentam ou dormem antes de fazer a limpeza energética. Na Rússia, ninguém entra numa casa sem antes deixar entrar um gato e um cachorro. A razão para isso é que os gatos têm a capacidade única de sentir a energia negativa e se alimentar dela. Os russos observam cuidadosamente para ver onde o gato vai deitar-se pela primeira vez e, então, jamais colocam suas camas ou sofás nesse lugar. Os cães, por outro lado, são atraídos por áreas aglomeradas de energias positivas. Então, o local favorito de seu cão pode ser um bom lugar para uma cama, uma mesa ou uma cadeira – locais onde você vai passar bastante tempo. Observe atenciosamente os locais do gato e, na hora da limpeza, dedique particular atenção a eles.

Agora é a vez de se preparar para a purificação tomando um banho energético.

Banho energético

O sal ajuda a absorver e neutralizar qualquer energia negativa que você possa trazer em sua aura.

Ele tem a capacidade de absorver energia a partir de um vasto espectro de freqüências: negativas e positivas. Os cristais do sal são poderosos retentores de energia. Toda a energia canalizada será gravada na rede cristalina do sal.

O sal não é apenas um ótimo receptor, mas também transmite informação energética e, por causa dessas qualidades, os cristais de sal têm sido utilizados em tecnologia – além da cura.

- Você vai preparar uma "pasta" de sal. Adicione um pouco de óleo de amêndoas em um punhado de sal marinho – o suficiente para fazer uma pasta grossa. Adicione duas ou três gotas de óleo essencial de sândalo, sálvia ou junípero (zimbro). Evite óleo de sálvia durante a gravidez.

- Debaixo do chuveiro, esfregue a mistura sobre o corpo e, se preferir, evite a cabeça e o rosto.

- Enxágüe. Você pode escolher a temperatura da água. Nesse momento, peça com sinceridade e confiança que a água leve embora toda a energia negativa acumulada. É importante que a água com sal corra do topo da cabeça em direção ao solo.

A preparação para a purificação

Depois desse banho, você vai se sentir mais leve e capaz de se conectar com a energia de sua casa. Vista roupas claras, limpas e confortáveis. Tire o relógio ou qualquer outro adorno. O ideal é fazer a limpeza com os pés descalços.

Comece a partir da porta da entrada principal. Sempre trabalhe da parte mais baixa para a parte mais alta. Lembre-se de deixar pelo menos uma janela aberta para liberar as energias negativas. Na Rússia nós usamos vários métodos. Sinta-se livre para escolher aquele que preferir. Ou então, experimente todos e descubra qual você gosta mais – será aquele que lhe parecer mais natural.

Purificação com velas

Na Rússia, nós usamos o fogo para a limpeza energética. A maneira mais simples de usar o poder das chamas é através das velas.

O campo energético dos seres humanos é magnético por natureza. E a energia do fogo pode entrar em contato com o nosso campo eletro-magnético facilmente e limpá-lo.

Nas igrejas ortodoxas russas, há conjuntos de velas na frente das imagens simbólicas dos santos. As pessoas visitam as igrejas com todos os seus infortúnios e tragédias. A chama das velas ajuda a aliviar o sofrimento, pois absorve a energia negativa. Acredita-se também que a energia do fogo emanada pelas velas pode ajudar os espíritos que estão presos à Terra, energizando-os o suficiente para retornarem à luz. Use velas feitas de cera de abelha. Descarte essas velas após terminar a limpeza.

Certifique-se sempre de colocar as velas em lugares onde não representem nenhum risco.

Conforme disse anteriormente, na Rússia nós usamos vários métodos de purificação com velas. Vou compartilhá-los com você.

Métodos de limpeza com velas

O primeiro método é a simplicidade em si. Tudo o que você tem a fazer é acender uma vela em cada ambiente. Para maximizar o efeito, tenha a certeza de que sempre possa ver a última vela enquanto acende a seguinte. Isso nem sempre será possível, dependendo da disposição dos ambientes em sua casa. Mas faça o possível para criar uma seqüência ininterrupta de luz.

No segundo método, você caminha pelos ambientes segurando uma vela. Pegue-a com a mão direita e depois, com seu ombro esquerdo ligeiramente inclinado para frente, caminhe pelo perímetro do quarto no sentido horário. Sempre comece a limpeza do quarto a partir da porta e termine no ponto em que começou. Veja a ilustração abaixo para entender o movimento da vela.

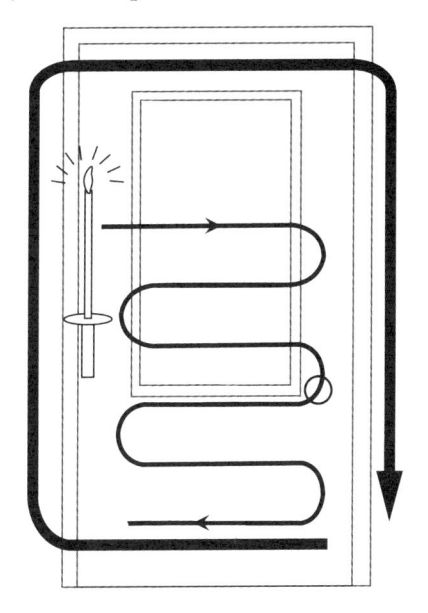

Outras técnicas de limpeza
Limpeza com sal marinho
Este era outro método comumente usado pelos terapeutas na velha Rússia, depois de um belo turno de limpeza física na primavera.

- Pegue um punhado de sal marinho e coloque em cada canto da sala.

- Polvilhe uma fileira de sal em toda a extensão da soleira, na porta de entrada, e deixe por 24 horas.

- Em seguida, pegue uma vassoura (na Rússia há uma vassoura específica para essa finalidade) e comece a varrer todo o sal. Enquanto varre, expresse-se verbalmente, como num cântico: "Com esta vassoura eu varro para bem longe toda a sujeira e as entidades desarmônicas da minha casa".

- Finalmente, descarte todo o sal no vaso sanitário.

Purificação a partir da meditação

Evidentemente, não há nada que o impeça de usar apenas o poder da mente para fazer a limpeza. Isso pode ser muito eficaz – mas não deve ser considerada uma prática substituta de uma boa dose de arranhões durante a limpeza física! Experimente essa limpeza profunda usando a meditação. Pode ser útil para os locais onde seria difícil usar "adereços" como velas, *sinos*[9] ou sal – como seu escritório ou quarto de hotel, por exemplo.

A meditação da bola vermelha

- Visualize uma bola vermelha no chão, em um dos cantos de seu quarto.

- Imagine que a bola está rolando para frente e para trás, elevando-se gradualmente do chão enquanto se move pelo perímetro do quarto no sentido horário.

- Cada vez que a bola atinge o ponto inicial, ela sobe mais um pouco e gira novamente pelo quarto, em uma posição mais alta.

---

9 - O sino é tradicionalmente usado nas religiões indo-européias para marcar o início e/ou o fechamento de um ritual; despertar da meditação; também é tocado quando se deseja afastar coisas malignas, ou para invocar e circular energias positivas. O toque de um sino libera vibrações com efeitos poderosos de acordo com seu som, que é definido pelo seu tamanho, sua espessura e seu material. (N. do T.)

- Quando finalmente a bola atingir o teto, imagine a janela do quarto se abrindo. Depois que a bola terminar a sua última volta, ela vai em direção à janela e voa para longe. Visualize esse processo intensamente.

Estabilize as energias de sua casa

Depois que você purificou a energia de sua casa, será necessário estabilizá-la, ou "defini-la", se preferir.

Para isso você vai precisar de um borrifador – daqueles que você compra nas lojas de jardinagem para pulverizar as plantas.

- Encha o borrifador com água potável. Adicione algumas (poucas) gotas de óleo essencial de lavanda.
- Pulverize a água ao redor da sala. A lavanda é usada para alcamar as vibrações e estabilizar a energia.

Por último, é hora de purificar-se. Depois de ter terminado a limpeza livrando-se de todo material residual (velas, sal etc.) você precisa tomar um banho. Purifique-se com sal marinho durante o banho para se livrar da energia negativa que pode ter ficado presa em você. Não se esqueça de lavar o cabelo.

| Capítulo 5 |

LIMPE OS CAMPOS ELETROMAGNÉTICOS

Existe outro tipo de poluição, que é prejudicial para a saúde e afeta muitos lares. É o chamado campo eletromagnético artificial (CEM), que é gerado por equipamentos elétricos. Esses equipamentos são de diferentes tipos, desde cabos de transmissão de força de grande potência até equipamentos como televisores, computadores, celulares ou microondas. Estamos inundados por esses campos eletromagnéticos e todos eles causam enorme estresse para nossos campos energéticos. As pesquisas indicam que o organismo humano irradia vibração eletromagnética numa freqüência de 300 MHz. Estamos cercados por aparelhos que irradiam um vasto espectro de comprimento de onda. Isso gera uma tensão muito forte e influencia nossa saúde e energia de uma forma muito negativa.

Tais aparelhos tornaram-se parte de nossa vida cotidiana e não seria prático ou desejável viver sem eles. Por isso devemos aprender a minimizar os seus efeitos nocivos. Aconselho que vocês desenvolvam o hábito de desligar os aparelhos da tomada quando não estiverem em uso. Qualquer aparelho gera ondas eletromagnéticas ao redor dele.

Como checar o campo eletromagnético em sua casa ou escritório

Isso é muito fácil de fazer, basta usar um rádio portátil. Ele permite que você investigue o espaço e garanta que não esteja dormindo, trabalhando ou meditando num local poluído por CEMs.

- Coloque o receptor em AM, mas não sintonize em nenhuma estação. Você vai ouvir um baixo nível de som estático.

- Aumente o volume.
- Aproxime-o de um dispositivo elétrico, como uma televisão ou uma tomada.
- O ruído vai aumentar, o que indica eletromagnetismo.

Como diminuir a exposição ao CEM

O lugar onde você dorme, acima de tudo, tem que estar o mais livre possível desses campos eletromagnéticos. A hora de dormir é o momento em que nossa aura e nossas células reparam-se, e o calor e a radiação podem afetar esse trabalho vital. Siga estas regras de ouro:

- Nunca durma perto de um ar condicionado, geladeira ou aquecedor elétrico (mesmo que estejam do outro lado da parede).
- Evite relógios elétricos ou rádio-relógio ao lado da cama. Nós colocamos esses aparelhos ao lado de nossa cabeça e eles emitem poderosos campos eletromagnéticos. A cabeça é mais susceptível a eles porque contém a maior parte de nossos receptores de ondas – a retina e a glândula pineal. Use um daqueles antigos relógios de corda ou a pilha.
- Resista à tentação de ter uma tevê ou computador no quarto. Os quartos são para dormir! Se você fizer muita questão, desconecte-os da tomada antes de dormir.

Gostaria também de recomendar precauções extras em seu local de trabalho. Na medida do possível, tente se sentar longe de fotocopiadoras ou aparelhos de fax. Se utilizar computador, coloque um protetor de tela.

Você também pode comprar um cristal transparente de quartzo, que é muito eficaz para proteger a sua energia.

Coloque seu cristal, uma vez por semana, em água salgada durante 24 horas. Depois lave-o em água corrente. Algumas plantas também são boas para absorver a negatividade. O cacto é excelente nesse trabalho, no entanto, estou consciente de que ele corta o *chi* (a energia vital) – de acordo com o feng shui. Pessoalmente, eu o manteria por perto devido ao seu poder de absorção dos campos eletromagnéticos. Mas você pode experimentar outras plantas, que também são eficazes:

- Gravatinha ou planta-aranha (*Chlorophytum comosum*)
- Espada-de-são-jorge (*Sansevieria trifasciata*)
- Jibóia (*Epipremnum aureum*)
- Filodendros

O ideal também é nunca usar o celular perto da cabeça – usar sempre o fone de ouvido.

Bem, espero que agora você tenha uma casa e um escritório limpos de más energias. Mantenha essa limpeza regularmente, talvez a cada mudança de estação. Lembre-se, você deve fazer a limpeza depois de uma briga, de um choque emocional ou de uma doença.

PARTE III
FERRAMENTAS PODEROSAS PARA UMA BOA DESINTOXICAÇÃO

| Capítulo 6 |

HIDROTERAPIA:
O PODER DO QUENTE E DO FRIO

Agora é hora de começar a sua desintoxicação física. Já aviso que será difícil. Um fim de semana de desintoxicação parece agradável em teoria, mas simplesmente não funciona. Meu programa de 4 semanas é eficaz e funciona muito bem. Ele foi testado por muita gente diversas vezes – com resultados maravilhosos. Porém, se você também quiser obter esses resultados, terá que se esforçar.

O programa limpa o corpo em 3 níveis: o intestino, o fígado e os rins. Na medida em que trabalhamos esses 3 órgãos vitais, estaremos também purificando as emoções ligadas a esses orgãos. Então, não se trata apenas de uma limpeza física – você também estará purificando as emoções e a mente.

A primeira semana é uma preparação para a profunda desintoxicação que virá a seguir. Seu primeiro objetivo será liberar o muco. É um pouco como ir a um salão de beleza e estética facial – você não espera que a esteticista esprema seus cravos e espinhas antes de abrir os poros com vapor.

Muitos programas de desintoxicação perdem a eficiência porque pulam esse primeiro estágio. Não cometa o mesmo erro!

Antes de começarmos, gostaria de apresentar algumas das ferramentas que usaremos durante o programa. Algumas podem ser familiares a você, como a escova para o corpo; outras talvez você não conheça. Acho que é importante compreender a razão porque estou lhe pedindo para usar essas técnicas, então vou falar sobre seus antecedentes e como e por que essas ferramentas funcionam.

Vamos começar com o poder de cura da água.

Hidroterapia quente

Na Rússia, nós levamos a sério a nossa saúde. Mas também gostamos de desfrutar as coisas boas da vida. Uma parte intrínseca de nosso modo de vida é o que chamamos de *banya* – o banho a vapor. A água (tanto no estado líquido como sob a forma de vapor) sempre foi usada como uma ferramenta terapêutica. Os modernos naturopatas exortam as virtudes da hidroterapia e prescrevem todos os tipos de tratamento com água a seus pacientes.

Acho que todos podem se beneficiar com uma hidroterapia regular e recomendo que você experimente – eu apresento um grande número de alternativas, então deve haver alguma delas que você possa usar, mesmo que não tenha acesso a uma sauna ou banhos a vapor.

A hidroterapia quente realmente funciona numa desintoxicação. Um dos maiores problemas será livrar-se do muco armazenado no corpo. Isso é difícil porque o muco tende a se solidificar no organismo como uma geléia grudenta. É impossível eliminá-lo sem aquecê-lo primeiro. Só então o muco vai afrouxar e ficar pronto para ser eliminado. O antigo terapeuta grego Galeno afirmava que uma das razões pela qual o nosso organismo envelhecia era a pouca transpiração da pele. Ele sempre recomendava banhos a vapor para abrir os poros e aumentar a transpiração.

> *As saunas têm um poderoso poder de cura! Mas aconselho a consultar o seu médico antes de utilizá-las. Geralmente, sauna e banhos a vapor são contra-indicados na gravidez, para pessoas com problemas de pressão arterial, cardiopatias, epilepsia, diabetes e certos problemas de pele. No entanto, pode ser possível a utilização de hidroterapia quente sob supervisão médica.*

Vá com calma, até acostumar-se com o calor. Na Grã-Bretanha as pessoas tentam ficar na sauna o máximo de tempo possível, mas isso não é nem necessário nem benéfico. Não é assim na Rússia.

Diretrizes para a hidroterapia quente (banho a vapor e sauna)

1. Faça um desjejum vegetariano no dia em que for fazer sauna ou banho a vapor. Tome o café da manhã antes de ir, de modo a não se sentir fraco. Faça isso entre as 9 hs e 11 hs da manhã.

2. Antes de entrar na sauna ou no banho a vapor, certifique-se de que sua pele esteja seca.

3. Cubra a cabeça com uma toalha para impedir que sua pressão caia. Nunca vá à sauna com o cabelo molhado.

4. Mantenha os seus pés quentes – os benefícios serão maiores.

5. Quando estiver na sauna, sente-se e relaxe. Respire pelo nariz. O ar é quase estéril, a inalação irá beneficiar o seu sistema respiratório e ajudará a liberar o muco dos pulmões e dos seios da face. Se puder, coloque um pouco de hortelã, ou outras ervas da família da menta, por onde sai o vapor da sauna.

6. Fique apenas por alguns minutos. Quando começar a transpirar, é hora de sair.

7. Tome uma ducha fria (jamais gelada!) imediatamente. Não utilize sabão e nem molhe a cabeça.

8. Seque o corpo vigorosamente.

9. Deite-se e descanse por alguns minutos. O tempo deve ser igual ao que você passou na sauna.

10. Volte à sauna e, dessa vez, permaneça por 10 minutos nos degraus mais altos.

11. Repita os passos 7 a 9, mas dessa vez descanse 10 minutos e beba bastante água em pequenos goles. Na Rússia nós tomaríamos chá de hortelã (você pode levar em uma garrafa térmica). Outra boa mistura para levar é suco de cenoura, beterraba e rabanete com um pouco de mel. Esse suco é muito rico em vitaminas e minerais, que são importantes e devem ser reintroduzidos no corpo após uma transpiração excessiva. Nota: descasque a beterraba, corte pela metade e deixa-a embebida em água por 3 a 4 horas antes de fazer o suco.

12. Volte à sauna pela última vez, fique por mais 10 minutos e repita os procedimentos anteriores. Dessa vez, porém, tome sua ducha fria e fique por mais algum tempo. Melhor ainda, se for possível, mergulhe numa piscina. Dessa vez, lave todo o corpo incluindo a cabeça.

13. Descanse por meia hora. Esse seria o momento ideal para uma massagem.

Alternativas sem sauna

Nem todos têm acesso a uma sauna. Se for o seu caso, não se preocupe, mesmo assim você ainda pode obter muitos dos bons efeitos – especialmente o da liberação do muco, que é tão importante neste programa. Quando você estiver se preparando para a desintoxicação, deverá fazer algum tipo de hidroterapia quente todos os dias. Se você não tem acesso a uma sauna, pode alternar entre os métodos abaixo. No entanto, sempre esfregue a pele primeiro.

Limpeza da pele

Esfregar a pele é uma técnica muito eficaz para estimular a liberação do muco e expulsar outras substâncias tóxicas que bloqueiam o sistema linfático. Essa é uma parte essencial do programa, além de ser um bom instrumento para manter a sua saúde diária. Tente se habituar às praticas a seguir, é muito saudável não apenas para o sistema linfático, mas também para melhorar o tônus da pele.

Compre uma escova com cerdas naturais e use-a sempre na pele seca antes do banho. Escove em movimentos longos em direção ao coração, mas não escove os seios, nem debaixo do braço e outras zonas sensíveis. Não escove também os locais onde a pele estiver machucada.

- Primeiro escove a sola de um pé. Depois suba pela frente e atrás da mesma perna e vá até as nádegas.

- Repita os movimentos na outra perna.

- Faça o mesmo movimento nas mãos e braços, começando pelos dedos. Escove as palmas e as costas das mãos e depois suba até a altura das axilas – sem esfregá-las!

- Esfregue os ombros e até o mais longe das costas que você puder alcançar.

- Escove o peito em direção ao coração. As mulheres não devem fazer isso nos seios e nos mamilos.

- Escove abaixo do pescoço.

- Agora vá para o estômago, fazendo movimentos circulares. Sempre no sentido horário, porque ajuda a estimular o intestino.

- Escove até sentir a pele ficar quente, mas não exagere.

Cinco minutos é o tempo ideal, mas se você não tiver tempo, pode reduzi-lo um pouco.

- Depois que terminar, tome um banho quente (se você não estiver fazendo o programa, pode tomar a sua ducha habitual).

- Sempre lave a sua escova com sabão e água quente.

Esfregando com a toalha e o "polimento molhado"

Se você não tiver uma escova, ainda há alternativas. Você precisará de uma toalha de tecido absorvente. Você deve simplesmente esfregar a toalha sobre a pele com movimentos curtos e vigorosos. Normalmente você deve fazer isso em direção ao coração, a partir dos dedos da mão até a altura da axila e dos dedos dos pés até a região da virilha.

Se você fizer isso antes do banho, com a pele seca, deverá umedecer a toalha. No entanto, a forma mais usual é usar uma toalha seca sobre a pele molhada, depois do banho.

Se preferir, siga o conselho dos iogues e experimente o "polimento molhado". Isso significa esfregar a pele úmida com a palma da mão, começando do estômago, até que seu corpo fique aquecido e comece a secar.

Esfregando a pele com sal

O sal estimula a pele e promove a transpiração. Essa é uma poderosa forma de escovar a pele. Não faça isso se você for diabético, tiver problemas de pele ou problemas cardíacos.

- Ponha meia xícara de chá de sal marinho em uma tigela grande e umedeça com água até que forme uma pasta bem grossa.

- Fique de pé sob o chuveiro.

- Pegue um punhado de sal e, a partir dos pés, comece rapidamente a esfregar o sal em sua pele em movimentos circulares ou de cima para baixo.

- Pegue mais sal e esfregue por toda a perna. Faça o mesmo na outra.

- Agora faça isso nos braços, começando das mãos até os ombros.

- Massageie as costas até onde conseguir alcançar.

- Termine no abdômem e no peito. As mulheres devem evitar os seios.

- Depois que você fez isso em todo o corpo, lave-se com água quente e enxugue-se com uma toalha macia.

Diferentes tipos de hidroterapia quente

Vamos ver algumas opções para essa hidroterapia, caso não tenha acesso a saunas ou banhos a vapor.

Banho de sal amargo

Ele estimula a eliminação das toxinas através da pele. Quando você estiver fazendo os meus programas, lembre-se de que este banho deve ser feito duas vezes por semana, nunca em dias consecutivos. Tome-o antes de ir para a cama – você vai transpirar durante a noite, mas também dormirá profundamente.

Não tome esse banho se você tiver eczema ou pressão arterial elevada. Também não é aconselhável para os cardíacos e diabéticos.

- Jogue entre 250 e 450 g de sal amargo e 100 g de sal marinho numa banheira de água quente.

- Deite na banheira durante cerca de 20 minutos, enchendo-a de água quente quando for necessário.

- Saia da banheira, enxugue-se e vá direto para a cama. Talvez fosse bom se embrulhar numa toalha velha para absorver o suor.

- Na manhã seguinte enxágüe a pele e passe uma loção umectante sem perfume.

Banho de aromaterapia

Tome este banho no fim do dia, antes de ir para a cama. Você pode tomá-lo quantas vezes quiser.

- Encha a banheira com água morna. Em seguida, coloque o seu óleo essencial preferido. Na Rússia, nós usamos olíbano, que ajuda na transpiração. Ele é um óleo extremamente purificante e maravilhoso para quem está tenso, ansioso ou estressado. Como alternativa, pode-se usar óleo de cedro, que também auxilia na eliminação das toxinas. Esses óleos não costumam irritar a pele, mas se você tiver a pele muito sensível é melhor fazer um teste (pingue uma gota na parte interna do braço e espere uma hora para ver se você tem alguma reação).

- Você pode adicionar de cinco a dez gotas de óleo diretamente na banheira ou dissolver sais de banho na água quente e adicionar cinco gotas de óleo essencial.

- Certifique-se que a temperatura da água esteja agradável. Depois disso, entre e relaxe por 20 minutos.

| Capítulo 7 |

PREPARANDO-SE PARA SUA DESINTOXICAÇÃO

Pronto, vamos começar nossa desintoxicação física, emocional e mental. A esta altura, você já está familiarizado com algumas ferramentas que vamos utilizar. Vou explicar tudo claramente à medida que avançarmos. A primeira semana do programa é de preparação. É absolutamente essencial que você não se sinta tentado a pular esta etapa, pois é vital para o programa e um processo poderoso por si próprio. Antes de começarmos, vou discorrer sobre alguns aspectos de segurança e orientações gerais.

Quando fazer a desintoxicação?

Em um mundo ideal, você deveria começar na primavera. É o momento certo, porque o nosso corpo e mente são estimulados a renascer nesse período do ano – tanto no aspecto físico, como também no emocional. Você estaria trabalhando ao lado da natureza e não no influxo dela.

Há um tempo de segurar as coisas e um tempo para deixá-las ir. Por esses motivos, faz mais sentido fazer a desintoxicação no momento mais propício do ano. Mas não quero ser muito dogmática sobre o assunto. Portanto, se não for possível fazer isso na primavera, comece no verão ou, no máximo, no outono. Entretanto, o outono não é um bom momento para a limpeza do fígado porque é quando ele está mais fraco. E, por favor, por favor, jamais pense em começar o seu programa no inverno. Além de não ser apropriado, ele impõe muita pressão sobre o seu corpo. Eu não consigo acreditar que tantos jornais e revistas recomendem a purificação como uma das medidas para o *Ano-Novo*[10] – é totalmente errado. A única exceção é a limpeza dos rins: ela pode ser feita durante o inverno porque será muito menos árdua.

---

10 - No hemisfério norte, o Ano-Novo é comemorado no inverno. (N. do T.)

O ideal é desintoxicar todo o seu sistema em turnos – assim, a semana preparatória será seguida pela limpeza do intestino, depois a limpeza do fígado e finalmente a dos rins. Entretanto, se preferir, você pode fazer a limpeza dos rins separadamente (embora deva cumprir uma nova semana de preparação).

Quando não fazer?

Existem algumas contra-indicações importantes:

- Se você for diabético.

- Se estiver grávida ou amamentando.

- Em estado de extrema fadiga.

- Se estiver gripado ou resfriado.

- Em caso de alguma doença aguda.

- Se estiver com alguma doença crônica.

Sempre consulte o seu médico. Se você estiver tomando alguma medicação ou com algum problema de saúde, talvez possa fazer esta desintoxicação sob supervisão médica, mas consulte-o antes.

Haverá efeitos colaterais?

É importante alertar que qualquer programa desse tipo deve normalmente deixar algum efeito secundário. Não digo isso para assustá-lo, muito pelo contrário – sabendo de antemão você poderá ficar tranqüilo de que nada está errado. Trata-se apenas do seu corpo reagindo ao programa. Os efeitos mais comuns são:

- Cefaléia: normalmente causada pela abstinência da cafeína presente em alguns chás, café, refrigerante e chocolate.
- Manchas e erupções cutâneas.
- Alteração das fezes.
- Cansaço e fadiga.
- Alterações emocionais.

Você pode estar surpreso ao observar que as mudanças emocionais foram incluídas. Lembre-se de que estamos trabalhando também no nível mental e emocional. Essa limpeza pode trazer à tona antigas emoções e lembranças tóxicas à medida que abandonamos as toxinas físicas. E mais, estamos trabalhando diretamente com nossas emoções, então não fique surpreso com tais mudanças. Talvez seja útil manter um diário durante o programa, porque descrever seus sentimentos é uma forma poderosa de manter as coisas sob controle.

Uma pessoa saudável tem bons instintos e pode se adaptar bem aos ambientes externos. Para testar como você está, basta pensar como tem sido fácil ou difícil se adaptar ao mundo exterior. Se você é bem equilibrado, será pouco provável que se sinta pressionado ou irritado por coisas como o tempo ruim, uma pessoa rude ou um balconista desagradável, por exemplo. Você estará muito menos preocupado com os aborrecimentos diários – porque as energias em torno de você se transformarão e você também se transformará. Porém, não se preocupe se não souber se adaptar bem. Ao concluir a desintoxicação, você deverá notar uma grande diferença.

E se eu falhar?

Algumas pessoas simplesmente não conseguem apreender o conceito de um programa de cura porque vivem tão presas ao passado que não são capazes de ver um novo caminho a trilhar. Muitas pessoas também seguem a vida acreditando no futuro, acreditando que um dia, como num passe de mágica, as coisas irão mudar. Entretanto, elas apenas sobrevivem um dia após o outro. Eu acredito que a cura só pode ser eficaz quando você está focado no presente.

Se você acha que tudo isso será muito difícil, o que é verdade para muitos de nós, existe uma técnica que valeria a pena praticar antes de se comprometer com o programa. É uma antiga prática iogue que consiste em alternar a respiração pelas narinas. Isso será muito bom para ajudá-lo a esquecer do passado, trazendo a sua mente de volta para o canal central de energia.

- Use roupas folgadas e sente-se com as costas retas e pernas descruzadas.

- Encha os pulmões de ar, feche a sua narina direita com o polegar direito e expire pela narina esquerda.

- Inspire profundamente com a narina esquerda, contando até 4.

- Feche a narina esquerda com o dedo mindinho e pressione a área sobre as suas sobrancelhas; segure a respiração contando até 16.

- Libere a narina direita e expire, tentando esvaziar os pulmões e contando até 4.

- Inspire pela narina direita contando até 4 e feche-a; conte até 16, mantendo as duas narinas fechadas.

- Libere a narina esquerda e expire, contando até 8.

- Comece novamente e repita esta seqüência por 10 vezes.

- Pare a qualquer momento se sentir tonturas.

Primeira semana: preparação para o programa

Há 4 pontos fundamentais neste período. Diariamente, durante os 7 dias, você deverá fazer o seguinte:

1. Dieta

2. Hidroterapia quente e limpeza da pele

3. Exercício energético: limpando a energia negativa do medo do futuro

4. O exercício do "sorriso interno"

Vamos ver cada um deles em detalhes:

Dieta

O objetivo da dieta é liberar o muco do organismo. Esta dieta também contém alimentos que não adicionam estresse tóxico aos principais órgãos e sistemas do corpo. É simples de acompanhar e oferece muitas alternativas. São estas as diretrizes principais:

- Consuma produtos orgânicos. Se for difícil encontrá-los, veja as orientações no capítulo 18, "A dieta Rejuvenescedora", que trata sobre como limpar as toxinas dos alimentos.

- Procure obter a maioria das proteínas a partir dos grãos (especialmente os germinados, pois produzem menos muco), nozes, sementes e leguminosas.

- Coma peixe de águas profundas como fonte adicional de proteínas. Eles são menos suscetíveis de contaminação com resíduos industriais tóxicos e metais pesados. No entanto, evite arenque, cavala e atum, que são muito sensíveis à contaminação por metais pesados. Salmão de viveiro costuma ser alimentado com corantes artificiais para tornar a sua carne rosada, de modo que também deve ser evitado. O salmão selvagem, não tem problema.

- Coma vegetais crus e frutas frescas.

- Consuma muita fibra. Suas melhores fontes são legumes, couve, cenoura e milho.

- Beba bastante água. Se for comprá-la, prefira vidro em vez de plástico, pois as bactérias se multiplicam mais rápido em ambientes plásticos. Deixe-a refrigerada e beba de preferência no mesmo dia em que foi aberta. Evite água com gás porque produz excesso de gases no corpo.

- Use azeite extravirgem para temperar as saladas e óleos "leves", como oliva, girassol, canola etc. para cozinhar.

- Evite produtos que contenham números E em sua composição, especialmente E249, E251 e E252, conservantes de alimentos. Exclua completamente todos os alimentos com corantes, aromatizantes e edulcorantes artificiais de sua dieta.

- Evite alimentos formadores de muco:
  - ❖ O leite de vaca e os laticínios feitos a partir dele são os maiores formadores de muco – isso inclui manteiga, queijo, iogurte etc. Leite de cabra produz menos muco, mas consuma o mínimo possível.
  - ❖ Carne vermelha, aves e ovos.
  - ❖ A soja é o maior formador de muco entre as plantas. Muitas pessoas usam o leite de soja como substituto do leite de vaca. É um grande erro. Substitua por aveia ou arroz.

- Evite comer grandes quantidades de açúcar, especialmente refinado. Use suco concentrado de maçã ou mel para adoçar. Se você tem muita vontade de açúcar, procure limpar a língua com uma colher de chá, massageando gentilmente a sua superfície, pois vai ajudar a diminuir o desejo por alimentos doces ou azedos.

- Reduza o sal. No extremo leste da Rússia existe grande abundância de algas conhecidas como "couve do mar". Pode ser ingerida seca para substituir o sal, pois fornece iodo, conhecido como estimulante do metabolismo. Como alternativa, você pode usar um dos muitos tipos de algas japonesas, facilmente disponíveis.

- Não beba álcool, nem chá preto, mate, verde, café ou qualquer estimulante. Os chás de ervas estão liberados.

- Não coma durante a noite – faça a sua refeição pelo menos duas ou três horas antes de dormir. Se você estiver na dúvida se vai comer ou não, não coma!

Limpando o excesso de muco do corpo com pasta de rabanete

Lembre-se de que eu disse para evitar alimentos formadores de muco. Isso é muito importante. Existe uma mistura feita de rabanete ralado e suco de limão que ajuda a eliminar o muco que se acumula em determinadas partes do corpo, e que tendem a estagnar (por exemplo, no trato digestivo, na garganta ou no sistema respiratório). Além disso, essa pasta é um excelente diurético. Você deve consumi-la em jejum e antes do jantar.

- Pegue 150 g de rabanete ralado e exprema o sumo de 3 limões.

- Bata os ingredientes até que fiquem com a consistência de um iogurte.

- Tome meia colher de chá 2 vezes ao dia, em jejum e antes do jantar. A mistura deve ser conservada na geladeira, num pote de vidro.

A hidroterapia quente e a escovação da pele

Como você deve se lembrar foi dito no capítulo anterior que a hidroterapia quente pode ajudar a liberar o muco. Por isso é uma parte essencial de nossa preparação. O ideal seria que você fizesse essa hidroterapia todos os dias. Se você mora perto de uma sauna, será maravilhoso. Se não, use uma das alternativas oferecidas no capítulo 6. Faça o possível para tomar um banho de vapor pelo menos uma vez durante a semana de preparação. Lembre-se de que, antes de fazer a hidroterapia quente, você precisa limpar a pele por 5 minutos. Use qualquer uma das técnicas citadas no capítulo 6.

Alternativas ao chá e ao café
Drink picante

    4 grãos de cardamomo
    4 grãos de pimenta-do-reino
    3 cravos-da-índia
      gengibre a gosto
      canela a gosto

Moa todos os ingredientes. Coloque numa panela, cubra com 300 ml de água e ferva durante 20 minutos. Antes de desligar o fogo, adicione uma pitada de chá verde. Quando beber, adicione um pouco de mel, se desejar.

- Você pode experimentar a imersão de frutas secas em água morna. Adicione mel e obtenha uma bebida doce e calmante.

- Tire partido da enorme variedade de chás existente, feitos de folhas e frutas.

- Você também pode experimentar a maravilhosa bebida russa *sbitin* – veja no capítulo 19.

Exercício energético: limpando a energia negativa do medo do futuro

Como médica atuante em clínica geral, vejo enormes benefícios ao combinar exercícios físicos com a cura emocional. Por isso, em cada semana deste programa de desintoxicação, usaremos diferentes tipos de exercícios, especialmente meditações que contribuam para liberar as emoções tóxicas. Começaremos com esta meditação energética, que limpa a energia do medo do futuro.

Quando você prepara o corpo para livrá-lo do muco e das toxinas físicas, é necessário preparar-se também emocional e mentalmente. Você deve permanecer aberto ao futuro e ao que ele trará. É importante tornar-se capaz de expandir a sua visão, de aceitar novas receitas e novas orientações. Se você tiver medo do futuro, poderá apresentar a tendência de se congelar em seus antigos padrões, paralisado pela ansiedade. Será incapaz de apreciar a vida no momento presente, porque todas as suas energias o estarão puxando para frente, apavorando-o sobre aquilo que ainda não aconteceu e pode, na verdade, nunca acontecer.

Esta meditação o liberta da ansiedade e permite criar espaço para as novidades. Ela prepara você para mudar a sua vida em um novo padrão. Você deve se lembrar do que tratamos anteriormente, mostrado que as cores afetam os nossos chacras – cor em excesso ou a falta de brilho na cor nos coloca fora do equilíbrio. A energia negativa do medo do futuro se manifesta por um excesso de azul, e é por isso que usamos essa cor na técnica.

A visualização é acompanhada por uma ação física (ação de torcer uma toalha), porque isso envolve ambos os lados do cérebro, tornando o exercício mais eficaz, e na minha opinião, por ser um exercício físico, é mais útil para as pessoas dos dias de hoje.

Você precisa praticar esse exercício todos os dias da primeira semana. Não importa a que horas você vai fazer isso, mas certifique-se de que haja paz e silêncio para dedicar total atenção. Muitas pessoas preferem fazê-lo à noite. O local deve ser bem arejado e uma janela deve ser aberta pelo menos meia hora antes de começar o exercício.

Quando o fizer, respire naturalmente – não faça esforço. Você irá precisar de uma tigela grande e uma toalha de algodão.

- Umedeça a toalha e a coloque na tigela. Sente-se numa cadeira de encosto reto com as pernas como se estivesse montado a cavalo. Coloque a tigela no chão, entre as pernas. Suas costas devem estar suavemente arqueadas para frente e seu estômago comprimindo (como se estivesse trazendo o umbigo junto da coluna vertebral).

- Estique seus braços à frente com as palmas da mão viradas para cima. Deve haver um espaço de 10 cm entre elas. Coloque a toalha sobre os dedos. Imagine que a toalha é de um puro azul profundo.

- Concentre-se no espaço entre os seus punhos. Respire fundo através do nariz e segure a respiração por alguns segundos. Então relaxe, expire e torça a toalha. Enquanto você estiver torcendo, use a sua imaginação – imagine que está torcendo cada gota daquele azul da toalha.

- Respire fundo novamente, prenda a respiração, expire e torça a toalha mais um pouco.

- Esvazie a tigela e repita a operação, mas desta vez imagine que você está torcendo gotas de um laranja vivo, extraindo-as da toalha. Enquanto torce, emita o som "L-l-l-l" – em um som suave e contínuo. Se você estiver familiarizado com as notas musicais, este som deve ter a mesma freqüência que a nota "Sol".

- Neste momento, você deve tentar sentir a liberação do medo de eventos futuros. Procure guardar esta sensação, registrando-a na memória.

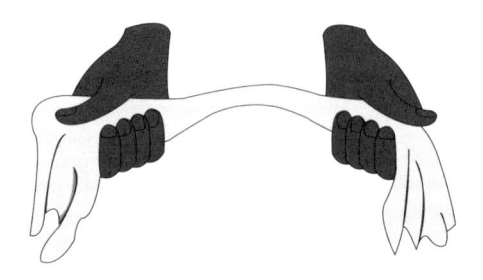

A dieta que você está seguindo durante essa semana irá ajudá-lo a se libertar da ansiedade. Certos alimentos são conhecidos por aumentar a ansiedade, pois contêm cafeína – em particular o café, certos chás e o chocolate. O açúcar também aumenta a ansiedade, por isso também deve ser evitado. E não se esqueça de que o açúcar é um ingrediente secretamente contido em muitos alimentos. Todos eles vão levá-lo a um sentimento constante de fadiga e a uma profunda insatisfação pessoal.

O exercício do "sorriso interno"

Esse é meu exercício favorito. Quando você dominá-lo e conectar-se a ele tantas vezes quanto possível, vai sentir suas emoções iluminarem-se. O motivo é muito simples. Quando você sorri (seja interna ou externamente) você se torna menos exposto às energias negativas. Aqui está um simples exercício de meditação que vai ajudá-lo a fazer isso. Essa é uma forma maravilhosa de começar o dia. Realize este exercício enquanto ainda estiver na cama, como sua primeira atividade na manhã.

- Ao acordar, deite-se de costas, com braços e pernas esticados e relaxados.

- Respire profundamente e expire gradualmente, deixando sair o ar envelhecido da noite que ainda está em seu corpo. Repita-o 3 vezes.

- Agora mova o dedão do pé direito algumas vezes – erguendo-o um pouco mais alto do que os outros dedos do pé. Repita a mesma operação com o pé esquerdo.

- Pegue o polegar esquerdo e chacoalhe suavemente. Repita com o polegar direito.

- Sorria para você mesmo – essa atitude vai transformar o seu dia numa celebração, mesmo enquanto ainda estiver na cama!

- Respire profundamente, enchendo os pulmões, e faça com que o ar chegue até o estômago. Segure a respiração por alguns segundos e expire na seqüência oposta – do estômago para os pulmões.

- Faça uma pequena parada e repita a ação anterior. Até agora você deve ter dedicado dois minutos a esse exercício.

- Continue a respirar profundamente, mas em vez de segurar a respiração, sorria. Você inspira, pára e sorri, depois expira.

- Agora faça com que o seu sorriso seja largo e sincero. Seus olhos devem estar bem relaxados (imagine-se olhando um céu estrelado).

- Continue sorrindo e visualize a cor rosa.

- Respire profundamente, de forma que essa cor preencha os seus pulmões e todo o seu corpo.

- Rosa é a energia do amor e deve recobrir todo o seu ser. Cada célula de seu corpo está irradiando a cor rosa.

- Não se esqueça de manter aquele sorriso! Enquanto estiver sorrindo, diga claramente para você mesmo: "Aquilo que eu perdi eu não lamento. O caminho para o futuro está aberto. Eu sou uma pessoa livre." Diga isso entre 5 e 10 vezes, de maneira enérgica e convincente.

Essa é uma meditação adorável e quanto mais você a fizer, mais benefícios irá descobrir. Embora seja uma parte essencial da semana de preparação, você poderá usá-la durante todo o programa, para conseguir resultados ainda melhores.

Sua agenda diária na semana de preparação

Parece que você tem um monte de trabalho a fazer! Mas não é realmente tão difícil assim. Um dia normal na primeira semana seria deste jeito:

- Acordar: praticar o "sorriso interno" na cama.

- Limpeza da pele antes do banho ou da hidroterapia quente.

- Café da manhã: consuma a pasta de rabanete anti-muco em jejum e depois tome o café da manhã.

- Almoço.

- Jantar: consuma a pasta de rabanete anti-muco antes da refeição.

- Exercício energético.

- Hidroterapia quente (se não foi feita pela manhã).

| Capítulo 8 |

COMO LIMPAR O INTESTINO E DEIXAR O PASSADO PARA TRÁS

Esta segunda fase do programa também dura uma semana. Depois de ter preparado seu corpo, sua mente e suas emoções para obter sucesso, você pode começar essa profunda limpeza. Mas é realmente necessário fazer isso? Sim, sim, sim. Não consigo imaginar alguém que não se beneficie com essa limpeza: minha experiência me mostrou que há poucas pessoas que não têm o intestino preso.

Ninguém consegue se sentir bem se o intestino não funcionar direito, já que ele é o principal responsável por livrar o corpo dos resíduos tóxicos, tão prejudiciais à saúde. Quando o intestino está irritado devido a dietas indesejáveis, ao estresse, aos componentes químicos e outras substâncias, ele acaba produzindo mais muco. Esse muco se combina com os alimentos industrializados não digeridos e produz fezes endurecidas. Isso não apenas estreita o intestino, mas torna-se o ambiente ideal para a proliferação de microorganismos. Mesmo que sua evacuação seja regular, isso não garante que esteja livre desse problema.

A limpeza do intestino é um passo muito importante de meu programa de desintoxicação. Não acredito que o rejuvenescimento possa ocorrer enquanto o intestino continuar obstruído e intoxicado.

O processo de limpeza do intestino tem os seguintes objetivos:

- A limpeza em si.

- Regular os movimentos peristálticos.

- Restaurar a flora intestinal (as bactérias boas).

Esse processo ajudará a eliminar a maior fonte de toxidade e, como resultado, vai aliviar os outros sistemas de purificação do organismo.

Segunda semana: limpeza do intestino

Mais uma vez, há vários pontos que devem ser considerados em sua rotina diária. Os 3 primeiros são exatamente os mesmos da primeira semana que você acabou de realizar. Vamos recapitular:

Dieta

Continue a dieta da semana preparatória e faça alguma adaptação, se necessário. Neste estágio, ofereço algumas dicas para seu café da manhã. Lembre-se, durante o processo de limpeza, beba pelo menos 2 litros de água diariamente e nunca beba líquidos junto com os alimentos. É melhor beber líquidos meia hora antes das refeições ou duas horas depois, para evitar interferir com o suco gástrico.

A hidroterapia quente e a escovação da pele

Continue a fazer o que vem fazendo.

O próximo procedimento você já conhece, o exercício energético. Mas nesta semana, você usará uma variação, vamos dar uma olhada.

Exercício energético: como deixar o passado para trás

Do mesmo jeito que foi feito na semana preparatória, você estará trabalhando com as suas emoções e seu corpo. Desta vez, vamos cuidar da limpeza da energia do passado. Nesta semana, enquanto estiver limpando o seu intestino, gostaria que você praticasse este exercício todos os dias. Da mesma maneira que estamos começando a liberar os resíduos físicos presos em seu intestino, também faremos o mesmo trabalho aqui, liberando as emoções negativas que estão presas à sua alma. Muitas pessoas passam a vida apegadas às mágoas e dores do passado. A minha experiência mostra que pessoas com prisão de ventre apresentam maior tendência de viver olhando para trás. Quando fazemos isso, nos tornamos fortemente presos às coisas passadas e totalmente incapazes de seguir em frente.

Para podermos começar a limpeza, você precisa se libertar das antigas mágoas e rancores. Imediatamente! As técnicas que eu sugiro aqui são bastante eficazes. Elas ajudaram muitas pessoas e então, por favor, esforce-se para realizá-las. Você terá grandes surpresas!

Se existe alguém que vem perturbando você, ou que já perturbou, tente fazer isto:

- Comece por lembrar-se da pessoa. Procure recordar todos os detalhes. Como ele ou ela é? Veja o seu rosto, corpo e movimentos. Ouça a sua voz, suas entonações.

- No momento em que a imagem dessa pessoa estiver nítida em sua mente, tente imaginar – por mais difícil que seja – a pessoa feliz e sorrindo. Alguma coisa muito boa aconteceu com ela; algo que ela estava esperando ou tentando conseguir. Ela está realmente feliz. Mantenha essa imagem por 1 ou 2 minutos.

- Desenhe mentalmente um círculo cor-de-rosa, um círculo de amor, ao redor da pessoa. Agora, devagar e gentilmente, rompa o círculo, dissolvendo aquela imagem. Quando fizer isso, tente sentir não apenas a liberação daquela energia do passado que o prendia à pessoa, mas também a felicidade de tê-la visto repleta de alegria. Guarde essas sensações na memória.

- É possível que, em algum momento, você se veja nos lugares onde aquela pessoa vive ou trabalha e, então, sensações desagradáveis poderão tomar conta de você. Não se preocupe. Simplesmente sorria e lembre-se das sensações que experimentou quando dissolveu o círculo cor-de-rosa. Diga a si mesmo: "Não estou sentindo nada. Você está perdoado e pode ir livremente."

Se for o caso de ter ofendido alguém no passado, você deve pedir perdão bem do fundo do coração. Diga o seguinte:

- "Peço a você (fale o nome da pessoa), que me perdoe por tê-lo magoado."
- "Peço perdão a mim mesmo por ter magoado (fale o nome da pessoa). Eu me perdôo."
- "Estou pedindo perdão pelo meu comportamento em relação a (diga o nome da pessoa) porque causei danos à minha saúde."
- "Peço perdão a mim mesmo por ter gerado mágoas e por ter ficado preso ao passado. Eu me perdôo."
- "Estou pedindo perdão ao meu corpo por tê-lo prejudicado devido ao meu comportamento descuidado."

Além desses pontos familiares, introduzirei algumas técnicas poderosas para a limpeza do intestino. Vamos vê-las a seguir.

Farelo de trigo

No café da manhã, eu recomendo farelo de trigo porque tem um poderoso efeito na limpeza do sistema digestório. Sua maior importância é que ele retém água. Um grama de farelo de trigo absorve até 5 gramas de água. A presença de fibras no sistema digestório ajuda no amolecimento das fezes e assim acelera o seu tempo de trânsito no intestino.

Pouco depois do desastre nuclear de Chernobyl, a equipe de resgate recebeu cerca de 30 g de farelo de trigo como parte de sua alimentação diária e isso reduziu a absorção de radicais livres na corrente sangüínea. Esta é outra de suas valiosas qualidades – a capacidade de limpar o sangue e excluir os radicais livres.

Receita de café da manhã com farelo de trigo

- Na noite anterior, coloque duas colheres de sopa de farelo de trigo em água suficiente para cobri-lo. Adicione damascos secos, ameixas, uva passa ou mingau de aveia.

- Se desejar, coma com sementes na manhã seguinte.

Exercícios de limpeza intestinal

Gostaria que você fizesse alguns exercícios diariamente, antes de tomar o café da manhã, para estimular as contrações musculares do intestino. Procure fazê-los com cuidado para garantir que não haja pressão sobre o pescoço ou sobre as costas. Faça-os lentamente, pois isso não é uma competição.

Torção dos joelhos e cotovelos

- Deite de costas e levante o pescoço suavemente com o polegar e o indicador. Olhe para o teto e mantenha um ângulo entre o queixo e as clavículas.

- Encolha o estômago como se o umbigo tentasse encontrar a coluna. Levante a pelve e segure firmemente. Inspire

- Depois expire enquanto dobra o joelho direito em direção ao peito e encoste o cotovelo esquerdo no joelho direito.

- Inspire enquanto volta para a posição inicial.

- Repita a operação, com o joelho e o cotovelo opostos.

- Faça esse exercício por 12 vezes.

Torção com os dois joelhos

- Deite-se de costas e apóie o pescoço como você fez no exercício anterior.

- Mais uma vez, encolha o estômago e levante a pelve. Inspire. Expire e aproxime os dois joelhos dos dois cotovelos. Faça isso lentamente e com controle total. Mantenha o olhar no teto para não machucar o pescoço.

- Mantenha a posição por até 6 segundos. Inspire e volte lentamente à posição inicial.

- Repita o exercício por 12 vezes e procure coordenar a respiração com os movimentos.

Torção de um joelho

- Deite-se de costas com os braços estendidos ao lado, na altura do peito.

- Levante o joelho esquerdo formando 90 graus enquanto inspira.

- Mantenha os ombros encostados no chão, vire a cintura e traga a perna para o lado direito enquanto expira. Segure por 3 segundos.

- Inspire enquanto levanta a perna.

- Expire e volte à posição original.

- Faça a mesma coisa com a outra perna e repita a operação por 12 vezes.

Ciclismo

Andar de bicicleta é um bom de exercício porque ajuda a massagear o intestino enquanto alterna os movimentos de subida e descida.

Limpeza profunda do intestino

Existem duas maneiras básicas pelas quais você pode ajudar seu intestino a eliminar o muco e as fezes. A primeira é uma receita tradicional russa que faz uso de vários laxantes. A segunda envolve o *psílio*[11]. As pesquisas indicam que o *psílio* ajuda a eliminar as toxinas e o muco e a reconstruir as paredes intestinais. Quando misturado à água ou ao suco forma um composto volumoso que melhora os movimentos intestinais sem produzir nenhuma dilatação. Sua casca é ainda mais eficaz do que a semente.

Método um: receita para limpar o intestino usada na Rússia

Durante todos os dias desta semana, antes de deitar-se, tome uma colher de sopa da seguinte mistura:

- 100 g (de cada) de damascos, ameixas secas e uvas passas, triturados.
- 70 g de mel (de preferência orgânico).
- 30 g de nozes picadas.
- 100 g de folhas secas de *sene*[12].

---

11 - Erva medicinal (*plantago ovata*) da família das plantagináceas, de cujas sementes é extraido um pó fibroso utilizado como laxante natural. Muito útil nas restauração das funções normais dos intestinos, promovendo funções mais saudáveis no cólon. (N. do T.)

12 - *Cássia angustifólia*, planta originária da África, conhecida pelo seu uso fitoterápico como erva de efeito purgativo e laxante. (N. do T.)

Misture tudo com água morna, se preferir. Armazene a mistura em um frasco de vidro fechado.

Método dois: psílio
Misture uma colher de chá de psílio, com um copo de suco de fruta e beba imediatamente, antes de engrossar. Tome em seguida um copo de água. Se você não gostar desse método, compre o psílio em cápsulas e siga as instruções da bula.

A "salada vassoura"
Ela faz exatamente isso – varre o seu intestino. Trata-se de um maravilhoso catalisador para estimular a movimentação intestinal, ajudando a eliminar os resíduos estagnados. Use vegetais orgânicos. Na etapa de desintoxicação, durante a limpeza do fígado e do intestino, esta salada será o seu almoço ou parte de seu almoço diário.

- Rale repolho, cenoura e beterraba e misture-os em uma proporção de 3:1:1

- Esmague a mistura com as mãos para extrair um pouco de suco.

- Adicione um pouco de sumo de limão e cubra com óleo de linhaça.

- Adicione 4 ou 5 ameixas secas pré-imersas em água durante 2 horas.

SUA AGENDA DIÁRIA DURANTE A SEMANA DE LIMPEZA INTESTINAL

Este deve ser o seu programa na segunda semana.

- Ao acordar:
  - exercícios para o intestino.
  - limpeza da pele e hidroterapia quente.

- Em jejum:
  - receita russa para a limpeza intestinal.

- No café da manhã:
  - farelo de trigo.

- Antes do almoço:
  - receita russa para a limpeza intestinal.

- Almoço:
  - "Salada Vassoura".

- Antes do jantar:
  - receita russa para a limpeza intestinal.

- Jantar:
  - à sua escolha, seguindo as orientações.

- À noite:
  - exercício energético: como deixar o passado para trás.

- Antes de dormir:
  - faça a receita russa ou o método do psílio.

| Capítulo 9 |

COMO PURIFICAR SEU FÍGADO E CONTROLAR A RAIVA

Agora estamos no terceiro estágio do processo, que também tem duração de uma semana.

O fígado é a nossa unidade de eliminação de resíduos. Quando está trabalhando bem, elimina toxinas ambientais e outros resíduos. As funções do fígado são o armazenamento e a filtragem do sangue, a secreção da bile e outras numerosas funções metabólicas, incluindo a transformação do açúcar em glicogênio. Ele desempenha um papel vital no metabolismo e na oxidação da gordura para produzir energia. O fígado produz cerca de 1 litro e meio de bile por dia, que é eliminada na vesícula biliar e possui inúmeros compostos que foram neutralizados pelo fígado: medicamentos, hormônios e resíduos. Por sua vez, a vesícula biliar expele tudo isso no intestino e então a bile é excretada.

Como já disse, é preferível que o trabalho de limpeza comece na primavera. Esse é o momento adequado para a desintoxicação do fígado porque, em um nível energético, ele está mais forte nessa estação. Se não for possível, ao menos tente evitar o outono, pois o fígado está mais fraco nessa época do ano e o processo de limpeza pode drená-lo ainda mais. Vou lhe mostrar várias formas de limpeza do fígado – algumas mais suaves que outras. Se esta for a sua primeira limpeza, recomendo que siga os 7 dias de desintoxicação mais suave.

Terceira semana: desintoxicação suave do fígado

Relembrando, há vários procedimentos para a sua limpeza.

Dieta

Sua dieta basal é a mesma da semana preparatória. Porém, você deverá aumentar o consumo de vegetais, mudando para uma dieta vegetariana, e evitar os alimentos formadores de muco, como leite e soja. Consuma alimentos de cor amarela. Damasco, limão, fruta etc.

O chá de *dente-de-leão*[13] deve ser consumindo sem restrição durante toda esta semana, pois é muito importante para o fígado, auxiliando no aumento da secreção de bile.

Você pode tomar o suplemento de silimarina. Trata-se de uma erva muito eficiente para o fígado, protegendo-o e promovendo a sua desintoxicação. Também contribui para o aumento do número de células hepáticas, substituindo as que foram danificadas. Pode ser encontrada na forma de tintura ou em cápsulas.

Mingau de cereais

Nesta semana, gostaria que você fizesse esta receita.

- Misture 5 colheres de sopa com água. Acrescente aveia orgânica. A água deve cobrir a aveia em cerca de 5 cm. Deixe descansar durante a noite.

- Na manhã seguinte, aqueça a mistura sem ferver. Acrescente mel se desejar.

Trigo-sarraceno

Se preferir, consuma trigo-sarraceno cozido no forno, de acordo com o método russo descrito no capítulo 18. Lembre-se de evitar leite de vaca ou de soja – o leite de amêndoa ou de arroz é melhor.

Como alternativa, você pode experimentar a limpeza *kasha*, que é ótima para estimular a produção biliar. Veja esta receita russa:

---

13 - Erva medicinal (Taraxacum officinale) da família das compostas, nativa da Europa e Ásia, utilizada na fitoterapia por suas propriedades digestivas e depurativas. (N. do E.)

- Deixe de molho na água uma xícara de chá de trigo-sarraceno por cerca de 2-3 horas.

- Esprema bem e descarte a água.

- Adicione três copos de água e leve para ferver. Cozinhe lentamente por 10 ou 15 minutos.

- Tire a *kasha* do fogo e deixe descansar por alguns minutos.

- Você pode adicionar um fio de óleo a sua escolha, mas não acrescente sal.

Suco para a limpeza do fígado

Entre o quarto e o sétimo dia deste programa você vai tomar este suco ainda em jejum.

- Coloque 250 ml (de cada) de sumo de limão e água mineral num liquidificador.

- Acrescente 1 dente de alho fresco, 1 colher de sopa de azeite extravirgem e 1 cm de raiz de gengibre picada. Bata tudo no liquidificador até triturar bem e beba lentamente.

- Se achar difícil de tomar, substitua o limão por suco de maçã orgânica e acrescente apenas 1 limão espremido.

- Nos dois casos você pode beber um pouco de suco de maçã para amenizar o sabor. Quinze minutos depois, tome uma xícara de chá de hortelã.

Mistura de rabanete antimuco
Você vai continuar tomando esta mistura como na semana preparatória, porém desta vez para estimular o fígado. Tome em jejum e antes do jantar, exceto depois do terceiro dia (quando você estará tomando o suco para o fígado): nesses dias, tome a mistura apenas antes do jantar.

Salada "Vassoura"
Você também continuará consumindo esta salada na hora do almoço. Porém, nesta semana ela será apenas parte do almoço, assim você não ficará entediado.

Hidroterapia quente
Nesta semana continuaremos fazendo isso, mas usaremos óleo essencial de conífera. Você pode continuar fazendo sauna, usando óleo essencial de pinho, cipreste ou cedro (este você pode colocar na saída do vapor ou em sua toalha). Se quiser, coloque algumas gotas na banheira.

Evite o óleo de pinho se você tiver alergia de pele. As mulheres não devem usar cipreste e cedro durante a gravidez: lembre-se que você não deve fazer a desintoxicação se estiver grávida!

Exercício energético: a limpeza energética para a raiva
Vamos trabalhar a energia da raiva, que é uma emoção freqüentemente associada ao fígado. A raiva é revelada pelo excesso de cor vermelha na aura.

Recomendo este exercício pela manhã. Dedique no máximo 15 minutos (não mais do que isso). Você não precisa praticar todos os dias a menos que sinta raiva de alguma coisa. O quarto onde você praticará esta limpeza deve ser bem ventilado, com uma janela aberta no mínimo meia hora antes de começar.

Ao praticá-lo, respire naturalmente. Você vai precisar de uma tigela grande e de uma toalha de algodão.

- Umedeça a toalha e coloque na tigela. Sente-se com as pernas abertas em uma cadeira de espaldar reto e coloque a tigela entre os seus pés. Respire calmamente pelo nariz. Inspire, segure por 2 ou 3 segundos e depois expire, sempre pelo nariz. Repita por alguns minutos até que se sinta calmo e relaxado.

- Pegue a toalha. Suas costas devem estar arqueadas suavemente e o estômago contraído. Estique os braços à frente com as palmas das mãos viradas para cima. Deixe 10 cm de espaço entre as mãos. Coloque a toalha sobre os dedos.

- Agora dirija a atenção para a toalha e imagine que ela seja vermelha. Respire profundamente pelo nariz e segure. Então aperte o estômago e comece a torcer a toalha, imaginando que está extraindo toda a cor vermelha para dentro da tigela. Aperte o máximo possível. Enquanto estiver fazendo isso, emita um longo som de "Oh" por entre os dentes. Se você estiver familiarizado com as notas musicais, esse som tem a mesma sonoridade que a nota "Dó".

- Repita os passos anteriores pelo tempo que achar necessário até que todo o vermelho tenha saído da toalha (em sua imaginação) e ela não pingue mais. Você deve se sentir como se estivesse liberado todas as emoções negativas do passado. Imagine que esteja espremendo não apenas a água, mas todos os rancores, ressentimentos e insultos que você tenha feito e recebido. Guarde essa sensação na memória.

Quando se sentir pronto, descarte a água da tigela. Se ainda não estiver calmo, umedeça a toalha novamente e repita todo o exercício (alguns de nós temos um monte de vermelho para liberar!).

- Termine sentando-se tranqüilamente e respirando como no início do exercício. Depois, levante-se e faça um bom alongamento.

Mantenha a toalha que você usou neste exercício e use-a para secar o rosto de manhã. Imagine que ela está absorvendo todo o excesso de cor vermelha que está dentro de você.

Método alternativo: desintoxicação severa

Quando você tiver completado esse programa pela primeira vez e desejar fazê-lo novamente, talvez queira experimentar esse método, uma limpeza do fígado mais rigorosa. Nos próximos anos, providenciarei algumas alternativas.

Não faça essa desintoxicação se tiver cálculos biliares, problemas crônicos no fígado ou na vesícula, e veja as contraindicações gerais de um programa de desintoxicação.

Essa limpeza dura apenas 3 dias. Durante este tempo, você deveria comer apenas frutas e vegetais. Além disso, beba grande quantidade de suco e caldo das seguintes receitas:

Suco de beterraba e maçã

Uma parte de suco de beterraba para 4 ou 5 partes de suco de maçã (use apenas maçãs azedas). Nota: sempre mergulhe a beterraba descascada em água na noite anterior.

SUA AGENDA DIÁRIA DURANTE A SEMANA DE LIMPEZA DO FÍGADO

Há muitas coisas a se fazer. Veja como planejar sua terceira semana.

- Ao acordar:
  - Limpeza de pele e hidroterapia quente.
  - Suco para a limpeza do fígado (entre o quarto e o sétimo dia).
- Em jejum:
  - mistura de limpeza antimuco (apenas até o 3º dia).
- No café da manhã:
  - mingau ou *kasha*.
  - suplemento de silimarina.
- Antes do almoço:
  - mistura de limpeza antimuco.
- Almoço:
  - vegetais / grãos + salada "vassoura".
- Antes do jantar:
  - mistura de limpeza antimuco.
- Jantar:
  - vegetais e frutas.
- À noite:
  - Exercício energético: limpando a energia da raiva (quando necessário).
- Antes de dormir:
  - Se sentir que seu intestino ainda não está funcionando direito, experimente usar a receita de psílio ou a receita russa para limpeza intestinal.
- Durante todo o dia, tome chá de dente-de-leão.

Caldo de Aveia

- Adicione 3 colheres de sopa de aveia em grãos e 3 colheres de sopa de flocos de aveia em 500 ml de água.

- Deixe cozinhar em fogo baixo por 2 ou 3 minutos.

- Peneire. Está pronto para servir (se o caldo ficou muito grosso, dilua com água fervente).

É excelente para purificar o sangue e para regular o metabolismo.

| **Capítulo 10** |

COMO LIMPAR OS RINS E LIVRAR SEU CORPO E MENTE DAS TOXINAS

Estamos na quarta semana de nosso programa e você já deve estar sentindo enormes benefícios. Esta parte vai durar entre 3 a 7 dias (dependendo da época do ano que você a fizer) e concentra-se na limpeza dos rins. Quando saudáveis, eliminam do corpo o produto final do metabolismo, o excesso de sal e de água, além de resíduos tóxicos. Eles também regulam a composição do sangue e asseguram a estabilidade do corpo.

Como você já limpou o fígado e o intestino, deve estar se sentindo mais forte e saudável. Entretanto, a limpeza dos rins deve ser muito suave. Você pode limpá-los durante o ano todo, exceto no inverno, mas será preciso adaptar a limpeza de acordo com a estação escolhida.

Você ficará contente em saber que esta semana é muito mais simples e com menos processos. Veja a seguir os três procedimentos básicos de sua rotina diária:

1. Dieta: vai depender da estação, mas nunca use sal ou mel.

2. Hidroterapia quente.

3. Exercício energético: limpando a energia da culpa e das mágoas.

Quarta semana: limpeza dos rins
Começarei explicando como limpá-los.

Dieta
- Durante os 3 primeiros dias você deve seguir a dieta da semana preparatória, mas exclua ou reduza o consumo de proteína.

- Beba pelo menos 1 litro de suco por dia, dentre os seguintes:

    - Cenoura, beterraba e pepino: 10 partes de cenoura para 3 partes de beterraba e pepino.

    - Cenoura, aipo e salsa: 9 partes de cenoura, 5 partes de aipo e 2 partes de salsa.

- Para o restante da semana, coma apenas pães ou torradas integrais ou de centeio, sem manteiga, mais melancia (pelo menos 3 quilos todos os dias): retire a parte perto da casca, para evitar nitratos. Nota: se você achar que essa combinação é muito simples, adicione outros vegetais e legumes.

- Elimine o sal. Sempre pedi para deixar de lado o sal, deixe-me explicar por que é absolutamente necessário que você não use sal enquanto estiver limpando seus rins. O sal não apenas faz com que você retenha líquidos, mas também é conhecido por estimular sentimentos como tristeza, mágoa, depressão e melancolia. As pessoas que se excedem no uso do sal costumam ver o mundo como um local sombrio; elas se conectam a antigos sentimentos de culpa. Por isso, evite o consumo de sal. Substitua o saleiro da mesa pelas seguintes misturas:

    - mistura salgada de ervas: basta misturar endro e salsa, alho e rabanete. É um ótimo substituto para o sal e pode ser polvilhada nos alimentos.

- quando cozinhar, acrescente sumo de limão ou vinagre de maçã, em vez do sal.

- O aipo (salsão) é naturalmente salgado, então, experimente usá-lo.

• Não use mel. Ele também ajuda a reter água no corpo.

Hidroterapia quente

Tome um banho quente todos os dias no mesmo horário, entre 17 e 21 horas – nesse período, a energia do rim está no ápice. Você pode tomar qualquer um dos banhos já explicados anteriormente. Quaisquer dos óleos essenciais ajudam a equilibrar o rim, em particular os de camomila, junípero (zimbro) e cedro. Quaisquer óleos com ação diurética também são úteis e você pode experimentar combinações de cipreste, eucalipto, funcho, gerânio ou alecrim, além dos três citados acima. Lembre-se de esfregar a pele antes do banho.

Gestantes não devem usar óleo de cedro. Pessoas com epilepsia não devem usar óleos de funcho e alecrim.

Exercício energético: limpeza da energia da culpa e das mágoas

A culpa é uma emoção muito comum em nossa sociedade. Do mesmo modo, muitos de nós despendemos energia ao nos agarrarmos às mágoas. Esses dois sentimentos negativos aparecem em nossa aura como um excesso da cor azul e/ou amarela.

Você pode usar esta técnica de limpeza quando fizer este programa e em todas as vezes que estiver ou suspeitar que esteja com sentimentos de culpa, tristeza, mágoa e ressentimentos.

Realize este exercício em uma sala bem ventilada e abra a janela pelo menos meia hora antes de começar.

Providencie uma tigela grande e uma toalha de algodão e respire naturalmente ao longo do exercício.

- Umedeça completamente a toalha. Sente-se com as pernas abertas e com os pés paralelos aos ombros. Incline ligeiramente as costas com o estômago comprimido. Mantenha braços esticados à frente com as palmas da mão viradas para cima. Deixe um espaço de 10 cm entre as mãos. Coloque a toalha sobre os dedos das mãos e mergulhe-a na tigela que deve estar entre pés.

- Concentre-se na toalha. Imagine que ela ficou com a cor amarela. Respire profundamente pelo nariz e prenda a respiração. Relaxe, expire e imagine-se torcendo a toalha amarela. Torça firmemente, imaginando as gotas amarelas caindo dentro da tigela. Enquanto torce, emita o som lento e progressivo "Ah" (se você conhecer as notas musicais, é a mesma sonoridade da nota Fá. Faça o som realmente vibrar).

- Repita o passo acima até que tenha eliminado todo o amarelo imaginário da toalha.

- Durante o exercício, você deverá ter um sentimento de liberação de todas as recordações desagradáveis e de todos os ressentimentos. Memorize essa sensação e registre-a na memória.

- Imagine agora que a tigela está cheia de água amarela, espremida da toalha. Descarte-a e faça um bom alongamento.

No futuro, em qualquer momento em que se sentir triste ou relembrar de alguma culpa do passado, reative imediatamente a lembrança de como se sentiu no final deste exercício. Isso vai ajudá-lo a se livrar de toda a negatividade.

Depois da desintoxicação

Você deve estar se sentindo absolutamente maravilhoso, mais leve tanto em relação às suas emoções quanto em relação a seu corpo. Portanto, não seja tentado a voltar aos maus hábitos. Sua intuição estará aguçada, então é pouco provável que você tenha vontade de cair numa bebedeira! No entanto, espero que você esteja grato por retornar a uma rotina normal e a uma dieta mais flexível. Meu melhor conselho, é que você siga as diretrizes básicas de uma alimentação saudável descritas no capítulo 18, desfrutando de uma grande variedade de alimentos frescos que reforcem o seu cardápio.

Se desejar, continue alguns dos procedimentos deste programa, sei que seu corpo e sua mente ficarão agradecidos! Esfregar a pele deveria ser agora um hábito: 5 minutos por dia vão reforçar o seu sistema imunológico. Se puder, faça sauna uma vez por semana – ou quando precisar se purificar.

Gostaria que você continuasse com os exercícios energéticos até sentir plenamente os seus benefícios: sua intuição lhe dirá quando parar. Então, você poderá fazê-los apenas quando achar necessário – por exemplo, se precisar lidar com alguma emoção desagradável.

Não continue com as receitas de desintoxicação quando terminar o programa.

PARTE IV
O PODER SECRETO DA MENTE E DAS EMOÇÕES

| Capítulo 11 |

DESINTOXIQUE SEU CORPO DAS EMOÇÕES NEGATIVAS

Parabéns por ter completado o programa de limpeza física! Foi uma grande conquista e um grande presente para seu corpo. Você também realizou um valioso trabalho de base para a próxima fase, a desintoxicação da energia mental e emocional.

Como já expliquei, a chave para a cura física e para o equilíbrio emocional está relacionada com os sete corpos de energia que compõem nossa aura, com os chacras e com os canais energéticos que correm pelo nosso corpo. Eu não canso de dizer: não adianta remendar os sintomas físicos se estiver deixando de lado as raízes do problema. Essas emoções comprometem nosso poder e força, e os sintomas podem desaparecer por algum tempo – mas com certeza voltarão. Toda verdadeira cura começa no campo energético.

Espero que agora você tenha uma compreensão mais ampla de nossos corpos energéticos. Eles são tão vulneráveis aos danos quanto nosso corpo físico.

Você talvez se lembre de que nosso corpo astral também é conhecido como corpo emocional. Então, não é nenhuma surpresa saber que qualquer emoção negativa, como o medo ou a raiva, pode afetar nossa aura. O mesmo efeito pernicioso pode ser causado por pessoas negativas à nossa volta. Existem os chamados "vampiros de energia", mas não fique assustado – eles não têm dentes pontudos nem olhos vermelhos! Nesta parte do livro vou explicar como o desequilíbrio é causado em nossa aura e chacras e mostrarei técnicas simples que o trarão de volta ao eixo.

Ofereço aqui muitas técnicas, meditações e rituais. Por favor, não fique assustado – eu não espero que você faça todos eles durante o tempo todo. Embora eu tenha sido muito firme quanto à necessidade de seguir cada etapa de meu programa ao pé da letra, você ficará aliviado ao saber que não serei tão rigorosa daqui para frente!

A razão para isso é que a sua própria intuição foi liberada na seqüência de desintoxicação física e você estará em contato com o seu Verdadeiro Eu a partir de agora. Você vai descobrir que é muito mais fácil saber o que precisa e o que é supérfluo. Eu adoraria se você experimentasse todas essas indicações e, sempre que eu achar essencial, vou dizê-lo. Mas acredite em você mesmo e ouça a sua intuição para saber quando e com que freqüência praticar as técnicas.

As emoções negativas e como elas enfraquecem o nosso poder

Vamos começar analisando uma das principais causas dos problemas: as nossas emoções negativas. Elas exercem um efeito muito perturbador sobre nós. Reprimidas, nos desequilibram de uma maneira muito poderosa.

Você teria que ser um santo para poder evitar o efeito das emoções negativas. Um ser humano comum tem seus medos, sente ciúmes e inveja ocasionalmente, fica zangado. É claro que não estou sugerindo que você viva uma vida sem emoções. Elas são parte de nosso estado psicológico normal. E as emoções negativas exercem, de fato, um papel extremamente importante em nossa evolução e sobrevivência. Elas ajudam nosso corpo a se ajustar às condições externas; permitem que avaliemos rapidamente condições desfavoráveis como a sensação de medo ao vermos algo perigoso ou quando alguém nos ameaça e sentimos raiva. No passado, teríamos que sentir a emoção e responder rapidamente com uma ação. Essa resposta rápida era essencial para a nossa sobrevivência como espécie, assim como era vital ser capaz de responder rapidamente a qualquer mudança potencialmente perigosa para o nosso ambiente. É por isso que as emoções negativas são geralmente acompanhadas de alterações fisiológicas no organismo – o sangue fluindo nos músculos, o aumento do ritmo cardíaco etc. Você não deveria ter medo de suas emoções negativas.

Descubra o que há de positivo no negativo

É importante perceber que não são as emoções negativas, por si só, que nos causam tantos danos. De fato, se elas forem controladas corretamente, podem nos oferecer um fabuloso impulso para descobrir soluções criativas para os problemas da vida. O que nos oferece perigo, o que pode criar desequilíbrio interior, é na verdade reprimirmos essas emoções e fingirmos que nada de ruim está acontecendo. Em outras palavras, quando nos sentamos sobre elas.

Portanto, precisamos parar de demonizar nossas emoções negativas e focar a atenção em nossas atitudes relacionadas a elas. O problema é que não estamos conscientes de nossas próprias emoções. Ficamos tão acostumados com nosso estado de espírito, com a nossa maneira de reagir, que essas emoções tornam-se enraizadas e representam uma zona de conforto. Podemos até pensar que estamos calmos, mas, na verdade, estamos vivendo num estado que eu chamaria de um estado passivo de defesa, que acumula emoções negativas umas sobre as outras. Nós nunca paramos para tentar entender porque criamos esses estados negativos e, certamente, fazemos muito pouco para nos libertar deles.

Em praticamente todos os métodos de cura você encontrará ensinamentos sobre a necessidade de criar uma condição de liberdade interna, que seria a maneira de interagir harmoniosamente com o mundo. Mas tal harmonia só pode ocorrer e existir quando você não reprimir seus sentimentos e emoções e não permitir que você se transforme numa vítima de seus desejos ou paixões (com todas as ações e reações que se seguem automaticamente).

Parece difícil? Realmente é, e isso só será possível conseguir quando seguirmos a seguinte regra:

Você deve estar consciente de suas emoções e ser capaz de harmonizar-se novamente com elas e regulá-las.

Se, e somente se, você for capaz de fazer isso, então irá experimentar uma sensação de liberdade interior e iluminação. Quando você conseguir atingir esse estado, suas emoções e sentimentos passarão a servir à sua intuição. Elas lhe darão a energia e o poder para viver uma existência livre e sábia, desfrutando plenamente cada etapa de sua vida.

A maior parte das pessoas não tem controle sobre a sua vida emocional. Estão muito abertas para quaisquer influências externas, mas as emoções se tornam uma parte intocável da vida interior: as pessoas são incapazes de interagir com as emoções.

Lidando com o desconforto interior

Vamos analisar o que acontece normalmente quando sentimos emoções negativas. Elas vêm à tona e nos deixam mal. Desesperados para nos livrarmos dessa "doença", geralmente usamos um dos três métodos descritos abaixo:

- Em primeiro lugar, atiramos a emoção de volta para trás. Em outras palavras, perdemos a cabeça, chutamos a porta, nos desfazemos em lágrimas.

- Em segundo lugar, desviamos a nossa emoção ao colocarmos a atenção em outra coisa qualquer (por exemplo, comer, beber, assistir à tevê etc.).

- Em terceiro lugar, reprimimos as emoções na esperança de que "o tempo vai curar". Ao agirmos assim, é claro, deixamos a vida passar sem resolver nada.

Permitimos que circunstâncias externas, importantes ou não, comandem a nossa resposta emocional. Isso provoca profundos conflitos internos. É claro que os eventos externos podem, sem dúvida nenhuma, fazer surgir certas emoções, mas elas nunca deveriam regular nossa resposta para a situação. Não estou sugerindo que devemos nos tornar zumbis, desprovidos de emoções. Precisamos de conexões emocionais, porque sem elas viveríamos de forma mecânica, sem nenhuma alegria ou prazer. Entretanto, as conexões emocionais não devem ser tão extremas a ponto de provocar desequilíbrios no nível pessoal.

Você está preso ao passado?

As emoções negativas que não são liberadas causam bloqueios em nossa energia mental e emocional. As pessoas não conseguem se libertar do passado e de situações estressantes. Ao contrário, revivem o passado repetidas vezes em sua mente. Isso pode criar uma tremenda tensão psicológica e emocional tanto no corpo físico quanto no corpo astral. Todas as vezes que revivemos e criamos um cenário para as nossas reações passadas, drenamos a nossa aura cada vez mais.

Quantas vezes você repetiu o passado? Preste atenção em quantas vezes já fez isso.

Essa atitude também tem um enorme efeito sobre a nossa vida cotidiana. Nossas emoções estão diretamente relacionadas com a nossa forma de perceber o mundo e com o modo como nos sentimos felizes e confortáveis nele. Se você for o tipo de pessoa que tem emoções otimistas e positivas, o mundo lhe parece alegre e feliz. Mas, se for o tipo de pessoa que vive com ódio e medo, o mundo lhe parecerá sombrio e aborrecido.

Quando não liberamos nossa negatividade, a energia dessas emoções vai se acumulando principalmente em nossa aura astral, perturbando a nossa vibração. Já sabemos que o corpo emocional tem uma profunda ligação com o corpo físico e, como resultado, suas emoções irão influenciar as vibrações do seu corpo físico podendo levar a doenças.

Os 7 fatores emocionais

A medicina chinesa ensina que há 7 fatores emocionais que podem enfraquecer certos órgãos se eles estiverem em desequilíbrio no organismo. São eles: raiva, medo, pavor, tristeza, dor, melancolia e alegria. Alguns se sobrepõem, outros, como a alegria, podem soar estranhos para nós. Deixe-me explicar melhor.

- Raiva (ressentimento, irritabilidade, frustração): afeta o fígado. Isso resulta em dores de cabeça, tonturas, pressão alta e problemas no estômago ou no baço.

- Medo e pavor: afeta os rins e também pode causar problemas no ouvido.

- Dor, aflição, pesar, luto: afeta os pulmões.

- Contemplação, melancolia (devido a muito esforço mental): afeta o baço. Isso pode levar à fadiga, excesso de preocupação e incapacidade de concentração.

- Alegria ou tristeza (excesso de emoção – em outras palavras, agitação): afeta o coração. Isso pode levar a insônia e palpitações.

Portanto, espero que você tenha entendido que a limpeza emocional é tão importante quanto a limpeza física. Ela pode funcionar como um catalisador para a limpeza do corpo. Do mesmo modo, quando você iniciou a desintoxicação física, podem ter surgido emoções negativas que exigiram a sua atenção. Se isso aconteceu, pois bem – você terá bastante trabalho a fazer.

De acordo com a lei espiritual da transformação, quando reprimimos as emoções, elas não desaparecem, mas transformam-se internamente em algo negativo. Reagimos às emoções negativas de maneiras diferentes e cada uma delas pode nos levar para resultados também diferentes. Já observamos de uma maneira simplista como lidar com as emoções negativas. Vamos observar agora com mais detalhes.

Como você reage às emoções negativas?

Vamos pegar como exemplo o sentimento de raiva e as diferentes formas como reagimos a ele.

- Você se sente totalmente subjugado pela raiva, embora não expresse isso. Você sente a raiva, mas não a demonstra porque você a reprime. É caminho certo para ficar doente.

- Você está realmente irritado, mas para os outros e até para você mesmo, finge que não está. Assim, finge que está tudo bem enquanto por dentro você está fervendo. À primeira vista, agir assim parece melhor do que demonstrar sofrimento e ostentar esse sentimento, mas é uma ilusão, pois você está apenas mascarando o problema. Dessa forma, você também vai agredir a alma.

- Você está com raiva e a manifesta. Ou seja, grita se alguém o deixa irritado. Se alguém o empurra, você o empurra de volta. Essa atitude seguramente é melhor do que reprimir a emoção. Mas tal comportamento vai enfraquecer sua espiritualidade.

- Você está com raiva. Reconhece o sentimento e o aceita. Você se pergunta por que está sentindo isso e decide procurar a causa. Dessa forma, você aceita todos os eventos de sua vida, inclusive as emoções negativas. Você as encara como algo enviado por

Deus, como uma valiosa lição. Agindo assim, você manterá a saúde e a sabedoria.

- Você observa a emoção de um modo distante e passivo. Os exercícios para alcançar um estado de neutralidade – que vamos estudar no próximo capítulo – podem ajudá-lo imensamente. Essa é outra forma de lidar com as emoções negativas; embora uma observação passiva não diminua a carga das emoções negativas, ela ajudará a escolher a melhor forma de lidar com esses tipos de emoção.

Assim como os cupins comem os móveis de madeira a partir da base, as emoções bloqueadas comprometem o desenvolvimento e o brilho de nossa energia emocional. Cada emoção tem uma carga energética, e, se for uma emoção negativa e reprimida, a vibração do conjunto dessas energias emocionais irá bloquear a nossa aura. Por sua vez, elas continuarão a atrair e formar outras vibrações negativas similares. Portanto, espero que agora você entenda como é vital lidar com as emoções negativas que já estão armazenadas em nossa aura. Nos próximos capítulos vou mostrar algumas formas de controlar as emoções e pensamentos e como limpar você dos anos de energia negativa acumulada.

| **Capítulo 12** |

DESBLOQUEIE O PODER DAS SUAS EMOÇÕES

Vou lhe pedir, neste capítulo, que aprenda a controlar as suas emoções. Não se trata de uma nova lição porque nós aprendemos a fazer isso durante toda a nossa vida. Quando crianças, somos treinados a controlar a vontade de fazer xixi; começamos a exercitar nosso controle sobre os músculos e aprendemos a andar e a correr. Ganhamos controle sobre nossas mãos e aprendemos a escrever. Mas, jamais aprendemos a controlar, de verdade, as nossas emoções. Somos, sem dúvida, induzidos a represá-las ("não chore", "não precisa ter medo", "não seja invejoso"), mas ninguém nos ensina a expressar nossas emoções de forma segura. E isso é lamentável, pois seria muito importante.

Como eu disse anteriormente, todas as emoções – inclusive as negativas – são fundamentais para a nossa saúde e espiritualidade. Mas, quando damos um significado excessivo para elas, podem se transformar numa força muito destrutiva. O medo pode ser um sinal valioso, porque nos previne do perigo. Mas, se você der muita energia a ele, não será capaz de agir e ficará paralisado.

Vamos a outro exemplo. A raiva é uma poderosa ferramenta para impulsionar seus recursos de energia, mas lampejos de descontrole o farão perder a cabeça e, normalmente, vão provocar a tomada de decisões precipitadas ou erradas. Responder rapidamente quando você é atacado é uma proteção de curto prazo para a sua aura: o coloca muito perto dos seus limites. Entretanto, esse mau humor pode levá-lo, a longo prazo, a um sentimento de ódio, transformando aquela camada de energia protetora, que é natural em todos nós, num escudo denso quase imóvel. Em outras palavras, é necessário aprender maneiras mais eficazes de se proteger e manipular as emoções negativas.

Aprendendo a adotar um "estado de neutralidade"

Uma forma poderosa de controlar as nossas emoções é aprender como induzir aquilo que é conhecido como o "estado de neutralidade energética".

Ele protege e mantém a sua energia. É uma lição muito proveitosa, uma vez que retira o seu julgamento sobre as ações das outras pessoas. Cabe a cada um de nós a decisão sobre como reagir energeticamente em relação às outras pessoas e ao mundo que nos cerca. Todas as pessoas têm o direito de participar ou não de cada situação. E devemos respeitá-las. Esse conceito é notavelmente libertador. Pense nisso: você só pode ser realmente livre se permitir a liberdade das outras pessoas. E essa liberdade deve ser incondicional. Sim, às vezes, as pessoas cometem erros, mas foi escolha delas. Quando você parar de julgar os outros e passar a aceitá-los como são, economizará uma grande quantidade de energia emocional.

Esse ato de "interromper, cerrar, terminar esse processo" não é assim tão difícil. O que é difícil é ficar "fechado" e manter a neutralidade ao mesmo tempo. Muitas vezes achamos que estamos "fechados", quando na verade estamos enviando o equivalente energético a espinhos para os outros. Simplesmente não percebemos que estamos sendo agressivos com os demais à nossa volta, porém de um modo passivo.

Existem várias formas de meditação que são muito eficazes para ajudá-lo a atingir certa neutralidade. Se você está preocupado com isso, gostaria de assegurar que entrar num estado de neutralidade não significa se desligar, quebrar sua conexão com a realidade. Na verdade, você estará apenas se tornando menos "promíscuo" com a sua energia emocional. Nós costumamos ser extremamente protetores quando se trata de nosso corpo físico – nem sonhamos em permitir que as outras pessoas nos toquem sem permissão, muito menos em nossas partes íntimas! Mas estamos sempre dispostos e disponíveis no que diz respeito ao nosso corpo emocional. Gostaria de descrever alguns métodos de meditação que irão induzir a um estado de neutralidade.

O meio estado de atenção

Você pode ficar sentado ou deitado durante essa meditação – o que achar mais confortável. Se preferir, pode gravar as instruções para deixá-lo livre para se concentrar na visualização. Escolha um momento e um lugar em que não poderá ser perturbado. Passe alguns minutos em posição confortável e relaxada. Siga a respiração sem tentar alterá-la. Você vai perceber que, rapidamente, ela vai desacelerar naturalmente. Agora, pode começar.

- Imagine que há uma pessoa minúscula sobre a sua cabeça – é você, pequenininho. Essa pequena cópia de você é tão minúscula que pode facilmente entrar em seu interior. Dirija a sua atenção a esse ser minúsculo.

- Gradualmente você vai se ver descendo de pára-quedas dentro de sua cabeça. Dentro dela, você vai flutuar nas nuvens. Podem ser nuvens carregadas ou nubladas. Você poderá ver relâmpagos e trovões.

- Agora, imagine raios de sol atravessando as nuvens escuras enquanto você flutua lentamente para baixo.

- Você alcançou a garganta e está flutuando em um brilhante céu azul, descendo lentamente pela garganta e alcançando os ombros e o peito.

- Agora você alcançou o estômago e pousou no solo, que é suave e quente. A sensação de frescor que emana das verdes ervas aromáticas ajudam a relaxar. Então você continua descendo.

- Logo abaixo da altura do seu umbigo você encontrará um bonito lago com um pequeno bote esperando na margem. Você entra no bote, senta-se e ele segue ao largo das águas calmas.

- Você olha para baixo, na água, e observa lírios flutuando, saindo de seu bote. Você já viu lírios como esses antes, a maneira como flutuam, como suas pétalas abrem? É impossível comparar essa visão com qualquer outra. É tão bonito que merece um pouco mais de sua atenção. Você não pensa em mais nada.

- Continue dentro de seu mundo interior. Descanse dentro de você mesmo. Preste atenção a sua respiração.

- Você está quase respirando através do alto da cabeça. Através dele, você inspira o ar do ambiente que o circunda; o ar de altitudes mais elevadas, livre da energia de outras pessoas. É quase como se você tivesse um pilar em cima da cabeça, tão luminoso quanto pesado. Ele ajuda a puxar o ar dos níveis mais altos da atmosfera.

- Junto com esse ar, você absorve luz e respira essa mesma luz para dentro do seu eu. Permita que a sua minúscula cópia – que está descansando tão bem dentro de você, naquele lago azul de seu mundo interior – receba essa maravilhosa luz como um dom precioso.

Quando estiver nesse estado, você pode viver, trabalhar e interagir com as outras pessoas de uma maneira confortável. Elas vão notar a diferença, embora não compreendam exatamente o que aconteceu: vão achar que você irradia harmonia. Em seu subconsciente essas pessoas vão se sentir seguras ao seu lado. Isso é o que há de melhor nesse exercício; uma vez que você tenha experimentado a sensação do estado neutro saberá que poderá resgatá-lo facilmente sempre que precisar. O estado neutro lhe permite proteger-se, vai rejuvenescê-lo e desviar qualquer pressão psicológica sob a qual você se encontrar. Recomendo a prática desse exercício tantas vezes quanto necessário.

Periscópio

Essa é outra excelente maneira de induzir o estado neutro. Sugiro que você experimente os dois exercícios e descubra qual deles lhe convém.

- Imagine-se puxando um periscópio do chacra da coroa. Puxe-o até que ele alcance 1 metro acima de sua cabeça.

- Olhe pelo periscópio e comece a observar o mundo exterior. Perceba a perspectiva que você tem dessa altura.

- A partir de agora, toda vez que você se encontrar numa situação difícil, puxe o seu periscópio imediatamente e observe o que está acontecendo ao seu redor. Você será capaz de resolver a situação mais facilmente.

Assim, de vez em quando, retire o seu periscópio e olhe sua vida através dele, como se estivesse assistindo a um filme. Você perceberá que ele vai auxiliar você a compreender a situação de uma perspectiva mais ampla.

Livrando-se de um dia ruim
Se você teve um dia desagradável ou acabou de discutir com alguém, existe outra técnica para evitar que você compartilhe essa experiência negativa.

- Vá para outro ambiente, o toalete talvez, e chacoalhe o corpo como se fosse um cão saindo do banho.

- Então esfregue dedos sobre o corpo como se estivesse tirando os fios de uma teia de aranha – comece da cabeça e desça até os pés.

- Lave as mãos com água fria, deixando a água escorrer do cotovelo até as mãos. Agora seque.

- Retome a limpeza, dessa vez começando da cabeça até os pés, como se estivesse arrancando uma roupa muito apertada, ou desgrudando todas as más vibrações acumuladas durante o dia.

Se você fizer esse exercício logo após uma experiência negativa, vai perceber que sua atitude mudou, que não há mais necessidade de dar vazão às suas frustrações. Esse exercício não só vai lhe poupar uma enorme quantidade de energia, como também evitará que seus amigos e familiares compartilhem de suas explosões emocionais – o que é muito justo!

O "sorriso interno"
Você já está familiarizado com ele por tê-lo praticado durante a limpeza física. Eu recomendo que o pratique regularmente, esteja ou não se desintoxicando, porque toda vez que se conectar ao sorriso, ele o ajudará a aliviar seu corpo emocional. E a razão para isso é muito simples: quando você

ri você se torna muito menos exposto às forças das emoções negativas. Quando você sorri facilmente, suas vibrações astrais tornam-se mais leves e sua aura fica mais protegida.

Leva apenas um pouco de tempo e seu dia começa muito melhor. Quando começarmos o capítulo do rejuvenescimento, vou lhe ensinar como combinar esse sorriso com outra poderosa técnica que vai fazer você sentir-se mais jovem!

Utilizando a arte para impulsionar a sua energia emocional

Se você deseja realmente nutrir seu corpo etéreo pode fazê-lo desenvolvendo a sua inteligência emocional. Você pode aumentar drasticamente a sua energia emocional ligando-se com a arte, seja o teatro, a música, a pintura ou um livro. Se você gosta de dançar, cantar ou tocar algum instrumento, deveria transformar essas preferências em um hábito regular: quanto mais você fizer isso, mais sua aura ficará "feliz". Sempre que você acessar a energia criativa, abrirá seu corpo astral para as frescas energias que vêm do universo!

A força vital do homem e a criatividade são diretamente dependentes uma da outra. Através de sua criatividade, você pode acessar sua intuição e se aproximar da iluminação. Nós entramos em um fluxo de energia universal e nos tornamos capazes de nos recarregar a partir da freqüência dessa energia divina. Sabe-se há bastante tempo que os artistas realmente talentosos sabem como entrar em um estado alterado de consciência que os permite canalizar a energia que repercute sua verdadeira natureza. Mas qualquer um pode acessar essa energia – não precisa ser um tremendo músico ou dançarino –, o talento aqui não é a questão. Estamos falando de seu envolvimento com o Eu Criativo e como liberar-se de suas inibições e seguir o seu caminho.

Se você preferir maximizar o efeito da arte na sua energia emocional, experimente fazer a meditação que explico a seguir.

A meditação da arte

- Sente-se confortavelmente em frente a uma pintura, um desenho ou uma fotografia. Não importa que tipo de imagem seja, mas deve ser uma que você goste.

- Relaxe e acalme a sua mente.

- Procure os detalhes mais importantes da imagem e comece a desvendar todo o desenho no espaço, como se a imagem inteira deixasse a moldura e se tornasse viva. Pode facilitar se você focar um ponto específico.

- Mude a sua atenção da imagem principal para os detalhes, sem desviar os olhos.

- Comece a observar os elementos contrastantes: água/terra, em cima/embaixo, esquerda/direita e vice-versa.

- Mude a sua perspectiva: saia dos detalhes e procure as profundezas da imagem e vice-versa.

- Com o seu olho esquerdo, concentre-se no lado esquerdo da imagem. E, com seu olho direito, foque o lado direito, como se você fosse estrábico.

- Feche os olhos e tente imaginar que você consegue ver a imagem através das pálpebras, concentrando-se profundamente na imagem.

- Você pode sentir alguma tontura e uma ligeira tendência de se inclinar sobre a imagem.

- Você também pode sentir a sensação de que está muito leve, quase sem peso.

- Você vai finalmente ter a sensação de que está quase dentro da imagem. Você será capaz de ver além da moldura e terá uma sensação de continuidade da imagem.

Para ampliar o efeito, ouça música durante o exercício. Por exemplo, se você está olhando uma paisagem você poderia ouvir Debussy. Já o compositor russo Rimsky-Korsakov é fantástico se você estiver vendo imagens que têm o mar como tema. Toda vez que você olhar uma imagem, sentirá como se fosse capaz de acompanhar o ritmo da música, então escolha qual melodia será mais apropriada para aquela freqüência. Use a sua intuição.

Diversão em família para aliviar uma energia pesada

Esse exercício é um adorável jogo para crianças, mas acho que toda a família vai gostar. Ele será especialmente útil quando a energia familiar ficar pesada por qualquer motivo. Essa divertida meditação dispersa as energias densas e vai agradar a todos.

As regras são muito simples. Todo mundo deita no chão formando um círculo. Cada um coloca a cabeça no estômago da pessoa ao lado. Alguém começa dizendo "Ha!" três vezes. A pessoa seguinte repete rapidamente o mesmo "Ha!" três vezes e assim por diante, até completar a volta toda. Quando a sua cabeça começar a balançar no estômago da outra pessoa, não demorará muito para aquele "Ha! Ha! Ha!" se tornar uma risada de verdade.

Meditação do amor com o parceiro

Esse é um método muito bom para manter o amor com seu parceiro ou filhos. Ou ensinar seus filhos a fazer isso entre eles. É uma bela maneira de nutrir os chacras do coração e restabelecer a paz dentro da família. Esse exercício também ajuda a equilibrar as vibrações de seu corpo astral.

- Sente um de frente para o outro, com uma vela entre vocês.

- Quando vocês sentirem-se confortáveis e relaxados, enviem energias de amor um para o outro, bastando sentir sentimentos amorosos pela outra pessoa.

- Lembre-se que essa energia é a energia do amor incondicional, não se trata de sexo.

- Imagine que você pode ver a energia fluindo entre vocês como se fosse a figura de um oito conectando os chacras do coração.

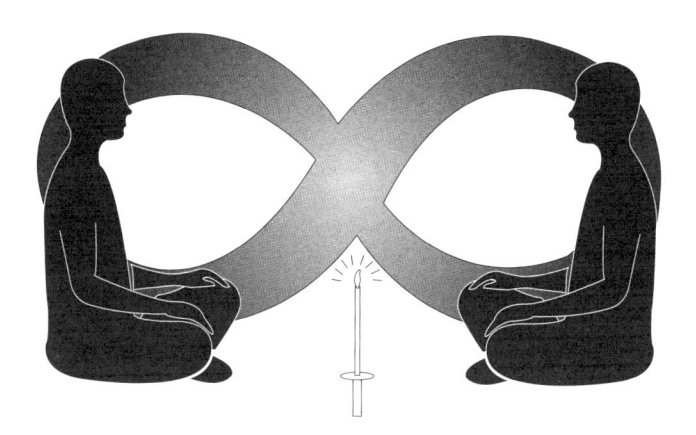

| **Capítulo 13** |

TRABALHANDO SUA BIOENERGIA

Agora é o momento de olharmos de perto a nossa bio energia, que algumas vezes é chamada de chacras, os 7 vórtices que vão da base da coluna vertebral até logo acima da cabeça. Para facilitar a leitura, vou sempre me referir aos chacras, mas eles recebem diferentes nomes em outras culturas. Como já venho salientando ao longo deste livro, os chacras monitoram com precisão nosso bem-estar físico, emocional e mental. Cada um deles gira numa diferente freqüência e quando estão equilibrados, você irradia saúde e bem-estar. Porém, se algum deles não estiver trabalhando direito, você começará a notar problemas.

Os desequilíbrios nos chacras

Você não precisa ser médium para descobrir qual dos seus chacras está fora de equilíbrio, pois cada um deles está estreitamente relacionado a diferentes órgãos e sistemas do organismo e diferentes emoções e padrões de pensamento na psique. Por isso é relativamente simples descobrir onde está o problema. Responda as perguntas abaixo para avaliar como seus chacras estão funcionando.

1. Você se sente desligado de seu corpo como se não estivesse nele?

2. Sente-se inseguro?

3. Costuma se sentir sem energia, cansado ou exausto sem nenhuma razão aparente?

4. Você está com sobrepeso ou magro demais?

5. Costuma '"escapar" de seus problemas fazendo uso de álcool, drogas ou comendo demais?

6. Sofreu algum trauma no período após seu nascimento até os 5 anos de idade?

7. Tem problemas intestinais, ósseos, dentários, distúrbios alimentares, problemas na coluna, nos pés, nos joelhos ou lombar?

8. Tem medo de mudanças?

9. Não gosta de encontros sociais porque se sente mal?

10. Tem pouca libido ou apresenta outros problemas em relação a sua vida sexual?

11. Tem tendência a fantasiar seus relacionamentos em vez de se comprometer de verdade?

12. Tende a abster-se de prazeres?

13. Sofreu traumas ou teve graves preocupações entre os 5 e 8 anos de idade?

14. Sofre com a menstruação ou tem algum problema no aparelho reprodutivo ou urinário? Tem perda de apetite, disfunções sexuais, falta de flexibilidade na parte inferior das costas ou nos joelhos, falta de paladar?

15. É dominador (a) e agressivo (a)? Um pouco controlador (a)?

16. Tem sempre que dizer a última palavra?

17. Sente-se frustrado (a) porque, não importa o quanto se esforce, não consegue atingir seu pleno potencial?

18. Sente-se impotente às vezes? Sente-se um pouco como vítima?

19. Costuma seguir a multidão ou, às vezes, segue o seu próprio caminho sem se importar se vai ou não afetar os outros?

20. Sofreu algum trauma entre os 8 e 12 anos de idade?

21. Tem algum problema digestivo ou alimentar, úlcera, fadiga crônica, hipertensão, problemas no estômago, pâncreas, fígado e vesícula, diabetes e hipoglicemia?

22. É crítico demais – com você mesmo e com os outros?

23. Fica deprimido, é pessimista ou sente solidão com freqüência?

24. Tem problemas com os relacionamentos? Se sim, talvez por ser demasiado exigente, invejoso ou dependente? Ou sacrifica a si mesmo, sempre mantendo o papel do mártir?

25. Costuma se envolver demais na vida dos outros?

26. Houve algum trauma ou problema grave entre seus 12 e 16 anos?

27. Sofre do coração, pulmões, braços; tem asma ou di-

ficuldades respiratórias; problemas circulatórios; deficiências no sistema imunológico; dores no peito; tensão entre as escápulas?

28. Tem medo de falar? É tímido?

29. Fica nervoso quando precisa expressar seus sentimentos em palavras?

30. Tem algum problema no sistema auditivo ou na fala? Sofre de surdez ou é incapaz de acompanhar um ritmo?

31. Gosta de fofocar e interrompe as pessoas? Fala mais do que escuta?

32. Sente sua criatividade bloqueada? Ou acha que não é criativo?

33. Teve algum problema sério ou sofreu algum trauma entre os 16 e 21 anos?

34. Sofre de tensão na mandíbula; distúrbios na garganta, ouvidos, voz e pescoço; tem problemas na tireóide?

35. Acha difícil de lembrar os sonhos, ou até acha que você não sonha? Tem pesadelos freqüentes?

36. Tem memória fraca?

37. Sente-se culpado por não ser feliz?

38. Sente-se preso à vida atual e anseia por liberdade? Acha difícil visualizar o futuro?

39. Acha difícil encontrar equilíbrio em seu humor, sua temperatura corporal e seus hormônios?

40. Sofreu algum trauma entre os 21 e 26 anos?

41. Tem problemas de visão, sofre de enxaqueca ou dores de cabeça?

42. É cínico?

43. É muito intelectual, com tendência a viver "vajando"?

44. É muito fanático com suas crenças, ridicularizando o que não se encaixa aos seus padrões?

45. Nos assuntos espirituais você é cético ou completamente imerso na espiritualidade, à custa da vida cotidiana?

46. É ganancioso e materialista?

47. É apático e confuso?

48. Sofre de amnésia?

Agora divida as suas respostas em 7 grupos, deste jeito:

Perguntas 1 a 7: chacra base
Perguntas 8 a 4: chacra do umbigo
Perguntas 15 a 21: chacra do plexo solar
Perguntas 22 a 27: chacra cardíaco
Perguntas 28 a 34: chacra da garganta
Perguntas 35 a 41: chacra do Terceiro Olho
Perguntas 42 a 48: chacra da coroa

Quanto mais respostas positivas em um mesmo chacra, é provável que você tenha algum problema naquele chacra. É bastante comum haver desequilíbrio em vários chacras ao mesmo tempo, por isso não se surpreenda se tiver uma alta pontuação. Vou lhe mostrar muitas maneiras de reequilibrar-se.

Restaurando o equilíbrio nos chacras

Existem algumas atividades cotidianas simples que ajudam a restabelecer o equilíbrio do chacra. Veja algumas delas.

Chacra base

Você precisa fazer o possível para se reconectar ao corpo. Comece fazendo exercícios físicos – atividades das quais você goste como dançar, nadar ou correr. Procure fazer massagens com um aromaterapeuta ou peça a um amigo para massageá-lo. A ioga pode ser uma excelente opção, já que cura os chacras. Fazer jardinagem e cerâmica são boas atividades ligadas à terra e ajudam a melhorar a deficiência no chacra base. No nível psicológico, reveja seu relacionamento com sua mãe: fale com ela sobre algo que tenha ocorrido quando você era criança; se isso for complicado ou doloroso, converse com um terapeuta. Do ponto de vista prático, organize as gavetas. Coloque a mesa do café da manhã do dia seguinte antes de ir para a cama. Pague suas contas dentro do prazo de vencimento. Participe de grupos de auto-ajuda. Faça as pazes com a sua família. Procure conhecer seus vizinhos. Estabeleça uma rotina mais confortável. Os aromas que impulsionam esse chacra são cedro, mirra e patchouli. Escolha velas perfumadas com essas fragrâncias, use esses óleos essenciais em suas massagens ou banhos de banheira ou acenda incensos com esses aromas.

Chacra do umbigo

Você precisa aprender a confiar e apreciar os seus sentidos. Comece por sentir as texturas ao seu redor; ouça novas músicas; observe a natureza e a arte; experimente diferentes bebidas e comidas. A dança pode liberar esse chacra, então se mexa. Procure entrar em contato gentilmente com suas emoções (peça ajuda profissional se for preciso) e libere qualquer antigo sentimento de mágoa, raiva e culpa. Assista a filmes românticos. Acenda velas perfumadas. Tire uma bela foto e coloque-a numa linda moldura. Vá ao teatro e a shows musicais. Faça tratamentos estéticos. Use roupas feitas com os melhores tecidos que puder. Organize uma festa para você mesmo ou tenha um jantar romântico com a pessoa que você ama. Compre roupas íntimas mais sensuais. As fragrâncias que reacendem esse chacra são jasmim, rosa e sândalo.

Chacra do plexo solar
Você precisa aprender a correr riscos. Também precisa de mais calor e ficar mais ligado à terra. Se, por um lado, tiver excesso de energia nesse chacra, deve procurar técnicas como meditação e relaxamento. Qualquer um que tenha problemas nesse chacra vai se beneficiar fazendo abdominais, pois reforçam esta área. Outra opção de exercícios físicos é o judô ou o tai-chi-chuan. A psicoterapia pode ajudar a criar a força necessária para liberar ou conter a raiva e reforçar o seu sentido de autonomia. Cumprimente as outras pessoas. Admire os outros em vez de ficar agarrado ao ciúme. Leia livros sobre gestão do tempo e liderança, além de biografias de pessoas que você admira. Diga o seu nome em voz alta por várias vezes até que você sinta que ele lhe pertence. Compartilhe seus planos apenas com as pessoas que o apóiam. As fragrâncias desse chacra são vetivert, ylang-ylang e bergamota.

Chacra cardíaco
Os exercícios respiratórios serão muito úteis – faça uma

aula de ioga que ensine esses exercícios, além de praticar aqueles que já ensinei. Comece a escrever um diário, expondo seus sentimentos e pensamentos de maneira honesta. Avalie os seus relacionamentos e procure se livrar das dores e perdas reprimidas (procure a ajuda de um profissional, se for preciso). Comece a aceitar-se do jeito que você é. Leia poesia ou livros de humor. Seja acessível para as pessoas que você ama. Escreva uma carta de apreço para alguém que fez uma diferença positiva em sua vida. Tenha uma boa conversa com o seu melhor amigo de infância. As fragrâncias desse chacra são rosa e melissa.

Chacra da garganta

Você precisa usar a voz: cante, grite, murmure, faça qualquer coisa que liberte a voz. A terapia da voz pode ser maravilhosa. E, se você tiver um excesso de energia nesse chacra, pratique a arte do silêncio e concentre-se no que a outra pessoa estiver falando. A tensão entre o pescoço e os ombros pode ser suavizada com massagem ou exercícios de Pilates. Escreva seus pensamentos e sentimentos não manifestados em um diário, escreva cartas para as pessoas com quem já teve problemas (elas não precisam ser enviadas). Respire antes de falar e enquanto estiver ouvindo alguém. Pratique aquilo que você quer dizer antes de fazê-lo. Faça 10 minutos de silêncio todos os dias. Grite com um travesseiro na boca ou cante uma canção a todos os pulmões dentro do carro. Apenas por um dia, pare de criticar os outros e a si mesmo. As fragrâncias desse chacra são camomila e mirra.

Chacra do Terceiro Olho

Tente pintar e desenhar usando qualquer material e cor que preferir. Pinte o que vier à mente (não precisa ser nada artístico). Olhe para o seu desenho e procure ver as emoções que emergiram. Comece a anotar os seus sonhos e trabalhe com eles – você poderia tentar desenhá-los, escrever sobre eles ou imaginar o que aconteceria a seguir. O que aqueles símbolos e pessoas que estavam no sonho representam para você? Não acredite naqueles dicionários de sonhos – os sonhos falam para as pessoas de uma forma bastante pessoal. Tente meditar. Modifique a sua imagem. Faça pintura com os dedos e pendure as suas criações. Redecore a sua sala-de-estar. Livre-se das suas roupas antigas. Visite uma galeria de arte. Visualize as coisas que você sonhou se tornando realidade. As fragrâncias para esse chacra são gerânio, rosa e jacinto.

Chacra da Coroa

A meditação pode ser muito útil. Esteja aberto para novas idéias e informações, não dispensando coisas até que você as tenha experimentado. Abra-se à idéia de espiritualidade, permitindo que seu cinismo fique de lado. Avalie as suas atitudes quanto à espiritualidade e à religião. Se você estiver com excesso de energia nesse chacra vai precisar se conectar com a terra – tente exercícios físicos, massagens e jardinagem. Recicle. Evite desperdícios, resíduos e poluição. Faça doações para a caridade. Medite mais. Crie uma visualização criativa baseada em algum evento maravilhoso de sua vida e acompanhe essa meditação com alguma música que tenha significado para você. Seja atencioso com você e com os outros e transforme essa atitude numa prática espiritual diária. Patrocine uma criança em um país em desenvolvimento. As fragrâncias para esse chacra são lavanda, olíbano e pau-rosa.

Dieta para os chacras

Quando você estiver trabalhando com os chacras, será importante fazer a dieta correta. Os alimentos são pura energia. A energia não é estática e repercute em determinadas freqüências vibracionais, de forma que cada fruta e vegetal, cada proteína, carboidrato ou gordura tem sua própria característica energética. Um dos segredos para manter seus chacras funcionando bem é nutri-los energeticamente – com a dieta adequada.

Sugiro que você escolha os alimentos de acordo com as cores e suas características vibracionais. Dessa forma, você vai se alimentar com algo correlacionado, que corresponda ao chacra que está trabalhando.

Outra boa idéia será trabalhar com um chacra diferente a cada semana ou dia. Você pode se concentrar nos chacras que estão em desequilíbrio.

Primeiro chacra: chacra base
Essa dieta será composta por frutas e vegetais vermelhos, como tomate, pimentão vermelho, maçã, cereja, rabanete etc. Como esse chacra é a base, você deve tentar comer mais proteínas (carnes, aves e peixes, leguminosas, tofu etc.). Também recomendo o consumo de alimentos com aroma forte cozidos, porque o primeiro chacra também é responsável pelo sentido do olfato.

Segundo chacra: chacra do umbigo
Aumente o consumo de laranja e legumes como: cenoura, batata-doce, abóbora etc. Como esse chacra está conectado com o elemento água e o paladar, recomendo que você tome sopas e beba mais água. Procure ter a certeza de que o alimento não é neutro, favorecendo o paladar com diferentes sabores. Reduza a quantidade de sal, pois ele ajuda a reter a água no organismo.

Terceiro chacra: chacra do plexo solar
Consuma alimentos amarelos em abundância, como banana, melão, pimentão amarelo e grãos tipo milho, trigo-sarra-

ceno, aveia e sementes. Como esse chacra está associado com o fogo, consuma produtos que liberem bastante energia durante o processo metabólico, por exemplo carboidratos complexos como os grãos. Esse chacra corresponde ao sentido da visão, por isso procure apresentar sua comida de modo criativo.

Quarto chacra: chacra cardíaco
Procure por vegetais e frutas verdes, como brócolis, abobrinha, pimentão verde, espinafre, maçã verde etc. A energia dos vegetais é neutra e carrega a energia da Terra e do Sol. Esse chacra está associado ao tato, portanto, se quiser reativá-lo, compre os produtos depois de tocá-los e experimente consumi-los com as mãos.

Quinto chacra: chacra da garganta
Sua dieta deve ser composta por alimentos de cor púrpura, como berinjela, figo, ameixa roxa, feijão roxo, cebola roxa, beterraba, azeitona roxa etc. Esse chacra é associado à audição, portanto, quando estiver comendo coloque uma bela música.

Sexto e sétimo chacras:
Terceiro Olho e chacra da coroa
Esses dois chacras se conectam com sua intuição e clarividência. Eles possuem qualidades vibracionais muito leves, então eu recomendo que não sobrecarregue o seu organismo comendo demais. Se puder jejuar, esse é o momento ideal. Mas, se decidir fazer refeições leves, certifique-se de que as cores púrpura e azul predominam. Também será útil transformar suas refeições em uma espécie de meditação. Coma em silêncio, acenda velas e mastigue por um longo período. Procure decorar sua mesa de jantar com cores azuis ou púrpuras.

Equilibrando os chacras

Depois de vermos os passos específicos para reequilibrar os chacras vamos analisar agora as formas mais gerais. Existem muitas técnicas e meditações que podem ajudar. Vou compartilhar alguns de meus métodos favoritos, começando por uma meditação altamente eficaz.

Meditação: uma viagem através dos chacras

Gosto dessa meditação porque ela atua dos dois lados do cérebro, do direito, com belas imagens, e do esquerdo, com afirmações positivas. Ela vai equilibrar o seu corpo astral de modo completo. Além disso, vai balancear o seu corpo mental e, quanto mais praticá-la, melhores serão os seus resultados. Você toma banho todos os dias para limpar o seu corpo físico, então pense nessa meditação como um banho diário para seu corpo energético.

Será melhor gravar essas instruções, assim você poderá colocar toda a sua atenção quando estiver ouvindo. Antes de começar, encontre um lugar confortável para sentar ou deitar – mas não durma!

Dedique alguns minutos para focar sua respiração e relaxe a mente. Depois, comece.

Expirei toda a tensão do meu corpo e comecei a relaxar, sabendo que posso usar a minha energia de uma maneira mais interessante. Eu imagino a minha coluna como se fosse um caule, como se existisse uma ligação invisível entre a base da minha coluna e o centro da Terra. A outra ponta do caule está alinhada com um ponto brilhante acima da minha cabeça.

Coloco a minha consciência no primeiro chacra, o chacra base, que fica no ponto entre as minhas pernas conhecido como períneo. Este chacra é um vórtice que se abre para a Terra. Eu respiro dentro do chacra e imagino uma cor vermelha vibrante que está se abrindo. Sinto a energia crescer neste centro de poder. Transfiro a minha atenção para o ar que expiro e descarto todo o sentimento que percebo que não deve mais continuar em mim, todo sentimento de insegurança. Eu expiro todos eles e digo a mim mesmo:

"Sou parte do universo. Reconheço minha conexão com todos os seres vivos. Estou plenamente vivo e aqui dentro de meu corpo tenho tudo de que preciso."

Agora coloco minha atenção no segundo chacra. Ele fica bem abaixo de meu umbigo e eu respiro em um laranja profundo. Quando respiro a cor dentro do chacra, ele se abre como uma flor. Agora mudo a atenção para minha expiração.
Ponho para fora todos os pensamentos sobre minha sexualidade que não preciso mais. Expiro toda a sensação de que não sou criativo. Expiro todas as antigas lembranças de relacionamentos que estão guardados neste chacra e que não preciso mais. Tais sensações são limitantes e eu as expulso. E agora digo:

"Tenho o poder de criar. Sou capaz de trazer qualquer coisa nova à vida. Sinto-me confiante sobre minha sexualidade e sobre minha relação com as outras pessoas".

Agora eu me concentro no terceiro chacra, o do plexo solar. Respiro amarelo dentro deste chacra, um maravilhoso amarelo solar. Enquanto faço isso, recebo a sensação da energia deste chacra enquanto ele se abre. Agora mudo o foco de minha respiração e expiro todos os sentimentos que eu tenho sobre a perfeição. Expulso todas as sensações que me vitimizam ou aquelas que me deixam impotente em algumas ocasiões, expulso todas as preocupações sobre o que pensam de mim e todo o ressentimento em relação à autoridade. E agora digo:

"Estou no controle de meu poder, sou capaz de tomar minhas próprias decisões. Respeito a mim mesmo e respeito os outros. Eu sou poderoso".

Neste momento, concentro-me no quarto chacra, o chacra cardíaco. Respiro um lindo verde dentro dele e sinto um amor incondicional se expandindo enquanto ele se abre. Respiro essa flor: este é o centro onde o poder do amor reside. Eu respiro verde e sinto aquele poder. Então, concentro a minha atenção na respiração e descarto todos os sentimentos que me ferem, os sentimentos de vulnerabilidade e amor condicional. Expiro todas as crenças sobre o amor que limitam e contraem o coração. Expulso as crenças de que não mereço o amor e de que é errado amar a mim mesmo, e então digo:

"Sinto compaixão por mim e por todos os seres vivos. Eu dou e recebo amor sem nenhuma condição. Estou cheio de amor".

Agora eu vou para o quinto chacra, o chacra da garganta, e respiro um belo azul-turquesa. Eu respiro essa cor e sinto a flor do chacra da garganta se expandindo. Ele é o meu centro de comunicação, do uso livre da palavra abertamente. Eu respiro azul dentro do chacra. Coloco a minha atenção na expiração e expurgo todas as sensações ou lembranças de situações em que tive medo de dizer o que eu sentia. Então eu digo:

"Consigo expressar meus pensamentos e sentimentos mais profundos com extrema clareza. Posso falar abertamente e livremente. Eu deixo a minha alma falar".

Cheguei ao sexto chacra, o chacra do Terceiro Olho, e respiro um azul índigo, um lindo azul escuro da cor do céu estrelado. Respiro essa cor dentro do centro da visão interior e da intuição. O chacra se abre e torna-se um portal para minha consciência espiritual. Ele se torna o olho que enxerga em todas as direções e mostra-me o caminho para expandir todo o meu ser. Eu digo:

"Estou em sintonia com a Fonte Infinita da Orientação. Acredito em minha intuição".

Estou no ponto logo acima de minha cabeça, no sétimo chacra, o chacra da coroa. Aqui estão as energias das cores branco, ouro e ametista. Visualizo essas cores e respiro dentro do espaço que existe um pouco acima do topo da minha cabeça. Este é o lugar onde o meu alo existe, o conhecimento de que existem mais coisas além da realidade física. Enquanto eu coloco a minha atenção neste chacra, passo para um lugar que não é nada, mas que também é tudo. Esta é a passagem para a alma, onde não há nada a dizer porque é um lugar para além das palavras, um lugar onde me conecto com o Universo. Eu sou o Universo, Ilimitado e Atemporal. Eu me ouço dizendo:

"Eu sou o que Eu Sou".

Agora eu visualizo a mim mesmo irradiando todas as cores do espectro, todas as cores do arco-íris. Vejo essas cores girando dentro de mim, todas as cores que compõe o branco. Eu sou uma brilhante luz branca; eu sou uma brilhante luz branca. Eu me tornei a luz. Permito que todas as células e átomos de meu corpo se lembrem da leveza do ser. Então, quando me sinto pronto, trago de volta gentilmente a minha consciência, sabendo que estou conectado à Mãe Terra e guiado pelo Poder Divino. Estou centrado e focado. Respiro algumas vezes profundamente e movo os dedos das mãos e dos pés lentamente enquanto abro meus olhos e volto para a realidade.

Cordão Branco

Esse é outro poderoso exercício energético do qual gosto muito. Você pode fazê-lo sempre que precisar nutrir o seu "centro de sobrevivência" no chacra base. Também o recomendo para esportistas e para qualquer um que precise de energia extra para realizar melhor suas atividades.

- Sente-se confortavelmente. Inspire e visualize um brilhante cordão branco (sua luz é similar à produzida por uma lâmpada branca) subindo pela sua coluna desde a área do cóccix.

- Enquanto sobe, alcança a área atrás do plexo solar, em suas costas. A luz penetra pelas costas e sai através do plexo solar, na frente de seu corpo.

- Agora a luz se dirige para baixo, seguindo a linha central de seu estômago antes de entrar na zona oposta de seu cóccix, onde começou.

- Você está produzindo um brilhante círculo de energia formado pelo cordão de luz (veja a ilustração na p. 141). Esse círculo vai girar cada vez mais rápido – continue visualizando-o por mais uns 5 minutos.

Solenóide

Esse é outro exercício maravilhoso. Funciona muito bem para equilibrar sua energia vital e distribuí-la para o corpo inteiro.

- Sente-se confortavelmente e concentre-se na respiração, para ajudá-lo a relaxar.

- Visualize uma bola mais ou menos do tamanho de uma bola de tênis com uma energia branca brilhante, subindo pela sua coluna, desde a área do cóccix.

- A bola de energia se move ao longo da coluna como água dentro de uma mangueira.

- Quando essa bola de energia atingir a primeira vértebra de seu pescoço, aquela perto da cabeça, passe-a para o ombro direito. Agora ela pode descer de volta para o cóccix, mas desta vez do lado externo de seu corpo. É como se você estivesse desenhando uma asa invisível em suas costas (veja na ilustração da p. seguinte).

- Repita o mesmo procedimento, desta vez do lado esquerdo do corpo. Comece com uma nova bola de luz subindo a coluna.

- Mantenha a imagem dessas duas asas invisíveis. Agora visualize as duas brilhantes bolas de energia fazendo esse percurso. Você deve visualizar dois círculos girando como se tivesse duas hélices de energia em suas costas.

Solenóide

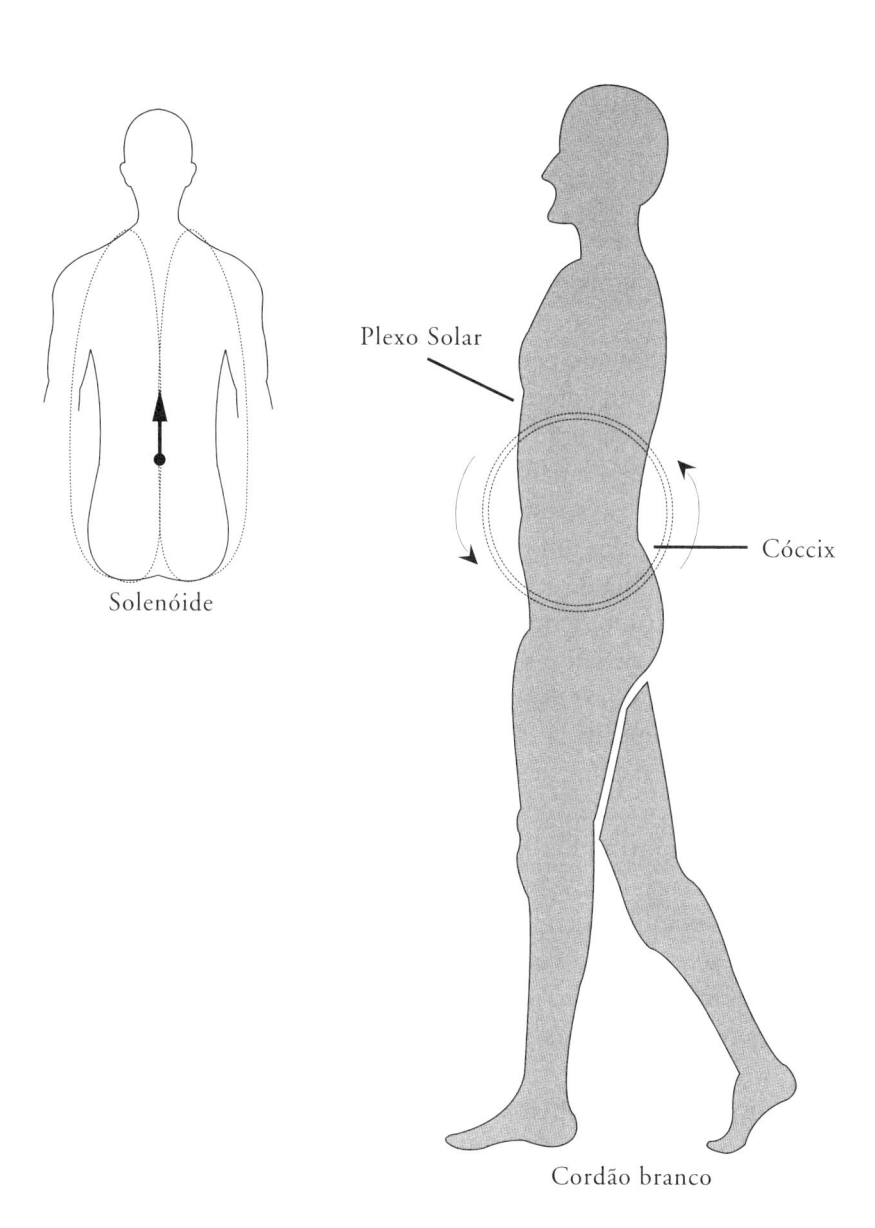

Plexo Solar

Cóccix

Cordão branco

| Capítulo 14 |

O PODER MENTAL ADQUIRIDO AO LIMPAR OS PENSAMENTOS

Depois de termos limpado o nosso corpo emocional e nossos chacras, chegou a hora de olharmos para a nossa mente.

O poder do pensamento

Um famoso médico russo, M. Sechenov, disse uma vez que o pensamento equivale às ações colocadas em espera. Um pensamento manifesta a disponibilidade de seu corpo de se mover em uma ação futura. O que quero dizer é que basta apenas começar a pensar em criar qualquer movimento e seus músculos já vão se esticar, antecipando a ação. Nossos pensamentos exercem um poderoso efeito fisiológico sobre o organismo. Lembra de que eu pedi, no começo do livro, para você se imaginar mordendo um limão? E de como você aumentou a produção de saliva só por imaginar isso? Acho que acabo de demonstrar o ponto aonde quero chegar.

O pensamento não só regula os processos fisiológicos do corpo, mas também é uma ferramenta para o espírito. Ele tem um efeito direto em sua energia e espiritualidade. Se nossos pensamentos flutuam num caminho suave, você vai se sentir bem e com bastante vitalidade. Mas se os pensamentos estiverem caóticos ou reprimidos por uma energia negativa, você vai se sentir mal e enjoado.

Cada vez que você pensa em alguma coisa, produz um pensamento conceitual. Ele não apenas afeta a freqüência de energia na sua aura, como também a das pessoas ao seu redor. A energia desses pensamentos pode ser densa e pesada ou bastante leve. Se é difícil acreditar nisso, pense no que acontece quando você está deprimido. Seus pensamentos se tornam sombrios e carregados, densos. E quanto mais você permitir afundar-se neles, mais deprimido ficará. Agora, pense no que acontece quando você fica perto de alguém deprimido. Torna-se muito difícil manter o bom humor e, se não tomar cuidado, será puxado para baixo também.

Muitas pessoas acabam por bloquear sua energia mental porque se apegam aos pensamentos obsessivos, objetos, pessoas, ao passado ou ao futuro. Além de bloquear a energia, sobrecarregam a mente com demasiada energia negativa. Esse mesmo bloqueio mental de energia também ocorre quando você tem expectativas irreais sobre como as outras pessoas devem se comportar. Quando elas não agem de acordo com as suas expectativas (controladoras e obsessivas), seus pensamentos – junto com essa energia da expectativa – criam um bloqueio em sua mente, levando a conflitos internos. Existe um modo muito simples de evitar tudo isso: diminua essas expectativas! Não exija um comportamento especial das outras pessoas. Isso pode ser difícil, mas é muito importante que você aceite as pessoas como elas são, sem nenhum julgamento.

Você também pode estar tão associado a certas coisas que se esquece de olhar para si verdadeiramente. Algumas vezes, só percebemos que determinada coisa dominou a nossa psique quando a perdemos. Você pode literalmente "esvaziar a cabeça" tentando esquecer algo e desligando-se. Se tudo isso faz sentido para você, então deveria praticar os exercícios energéticos que comentamos no capítulo 12, por exemplo o exercício do periscópio.

Expectativas

Vou contar uma piada que ilustra o meu ponto de vista de forma muito clara. É a história de um homem muito religioso que viveu toda a sua vida obedecendo às normas estabelecidas pela Igreja e descritas na Bíblia. Um dia, sua pequena cidade foi inundada e todo mundo deveria sair de lá. As pessoas chamaram o homem, implorando que fugisse com eles, mas ele se recusou, insistindo que Deus o salvaria. A água subiu mais e mais, então as pessoas mandaram um bote para resgatá-lo do telhado de sua casa. Mais uma vez, ele se recusou, dizendo que preferia confiar em Deus. A água continuou a subir de modo que o homem teve que ficar de pé no telhado tentando manter a cabeça fora da água, procurando respirar. Um helicóptero foi enviado para salvá-lo, mas ele disse que Deus o salvaria. Ele se afogou.

Então ele apareceu no céu, em frente a Deus, e perguntou: "Deus, por favor, diga-me, tenho sido tão fiel a sua verdade e a seus ensinamentos durante toda a minha vida. Por que não me salvou?" Deus respondeu: "Eu não enviei o barco? Eu não enviei o helicóptero?"

O que estou tentando dizer é que você deve manter a mente aberta. Não crie restrições desnecessárias em sua energia mental, porque você nunca sabe de onde virá o bote salvador. Não gostaria que perdesse as oportunidades da vida apenas porque seu radar está mentalmente pré-sintonizado em alguma estação.

No curso da vida, nós passamos de um estágio para outro e acumulamos várias lembranças e experiências. Todas elas invariavelmente enriquecem a nossa energia mental e ajudam nossa mente a evoluir. Esses vários estágios podem ser comparados com os diferentes cenários em um teatro. Você veste uma determinada roupa, fala com uma determinada voz, reúne-se com certas pessoas e usa diversos adereços. Quando entra um novo capítulo na vida, você é apresentado a um cenário completamente novo, talvez a um novo ato, possivelmente a uma peça completamente nova. Essa nova peça vai ensinar algo novo e, mais uma vez, você terá novas oportunidades de aprender um pouquinho mais sobre você mesmo.

Infelizmente, muita gente carrega os mesmo adereços de uma encenação para a outra. O resultado? Uma nova etapa superlotada. Na medida em que avançamos na vida, acabamos transportando uma grande carga de tais adereços e figurinos que perdemos a capacidade de aprender e agir em um novo cenário. Nós paramos de avaliar a nova decoração e enxergamos apenas o velho cenário, sempre. E até reclamamos que a vida é chata e entediante. O que acontece é que não abrimos espaço para as novas energias. É por isso que acho muito importante aprendermos a trancar o passado. Temos que ser capazes de atrair novas energias em nossa vida desimpedida do passado.

Você pode achar que tudo isso é muito bom em teoria e que é mais fácil falar do que fazer. Bem, vou mostrar algumas técnicas testadas e confiáveis que ajudam a limpar e equilibrar a energia mental.

A sala de meditação vazia

Este exercício mental energético vai ajudá-lo a ter mais controle sobre os seus pensamentos e trará ordem à energia mental.

- Visualize sua cabeça como uma sala cheia de móveis e objetos. Cada item está ligado a um evento ou a uma pessoa de sua vida. Por exemplo, o sofá poderia ser o seu trabalho, a cadeira a sua parceira, a mesa os parentes e assim por diante.

- Agora, passo a passo, remova todos os objetos da sala, até que ela fique completamente vazia.

- Agora imagine que você também está saindo da sala, fechando a porta.

- Se você imaginar que está colocando as coisas de volta nessa sala, pode olhá-la de vez em quando através de uma pequena janela. Jogue fora os objetos (seus pensamentos) quando lhe ocorrer, espontaneamente.

Conectando-se com a energia do presente

Se você acha que seus pensamentos mudam com freqüência entre o passado e o futuro, tente a técnica de respiração que apresentei no capítulo 7, aquela em que se respira alternadamente pelas narinas. Será uma boa idéia praticá-la com regularidade.

Corrida meditativa

Parece uma idéia estranha, mas essa técnica tem sido utilizada na Rússia durante séculos. Isso começou quando se usavam mensageiros para levar informações. Essas pessoas eram capazes de andar e correr por incríveis distâncias. O seu objetivo era conseguir um determinado estado de consciência, concentrando-se em apenas uma idéia. Nesse estado físico a exaustão é praticamente empurrada para segundo plano, e você fica mais focado na meditação do que no ato físico de colocar um pé depois do outro. Para nosso propósito, você deve usar um ritmo bastante lento, afinal não é uma corrida. Lembre-se de que sua mente não deve se concentrar na velocidade, mas na prática meditativa.

Se você tiver problemas de saúde, consulte o seu médico entes de começar. Inicie devagar, com distâncias curtas, para resgatar a energia.

- Comece correndo devagar. É quase como se você estivesse correndo em câmara lenta, sem fazer nenhum esforço extenuante.

- Permita que os pensamentos subam para a sua mente e formem um colorido nevoeiro.

- Também libere um nevoeiro colorido do coração que contenha todos os sentidos e emoções.

- Visualize o fogo se dispersando na atmosfera como flocos de neve derretendo sob o sol.

- Agora comece a visualizar fontes douradas de energia jorrando de seu cóccix.

- Enquanto corre, você sente suas nádegas batendo nessas fontes de energias inesgotáveis quase como se você estivesse correndo sobre elas.

- Você agora deve estar mais relaxado. Certifique-se de que suas costas estão retas e que suas pernas, braços, pescoço e estômago estejam leves e relaxados. Verifique seu rosto e confirme que os músculos faciais estão descontraídos. Deixe toda a tensão se esvair. Permita que seu corpo sinta-se livre.

- Agora você pode entrar na segunda parte do exercício meditativo. Isso ajuda a desintoxicar a energia. É muito importante que você comece de baixo, pelos pés, e suba em etapas.

- Imagine que a cada vez que seus pés tocam o chão, eles liberam energias negativas na forma de uma poeira preta. A cada passo, as solas dos pés empurram para fora toda a sujeira preta – todos os problemas, papéis em desordem e assim por diante. Corra suavemente observando o que está acontecendo. Enquanto você fizer isso, seus pés estarão mais leves.

- Continue, subindo. Desta vez, concentre-se nas pernas. Visualize, mais uma vez, a poeira preta saindo de suas pernas através das solas dos pés.

- Continue subindo, uma parte do corpo de cada vez. Ao trabalhar uma nova área de seu corpo, imagine o pó preto ou sujeira, areia, seja o que for que você escolheu para representar as teias das velhas energias, sinta isso sendo puxado de seu corpo a cada passada.

- Uma vez que você tenha se livrado de todas as energias negativas, sua cabeça também estará limpa. Você já pode se recarregar. Imagine que uma coluna de luz branca está descendo do universo exatamente sobre você. Essa luz preenche o seu corpo, entrando através do chacra da coroa. Visualize todo o seu ser enquanto está sendo preenchido pela brilhante luz branca.

- Você poderá notar que algumas partes de seu corpo se encherão mais rapidamente de luz do que outras. Se você ainda puder ver pontos pretos resistindo à luz, concentre-se nessas áreas até eles desapareçam.

- Se você notar problemas físicos ou qualquer sinal de doença em alguma parte de seu corpo, basta enviar um pouco mais de luz para nutrir esta área.

- No fim desta meditação, fique reto, estique os braços ao lado do corpo e inspire. Quando fizer isso, levante os braços acima da cabeça e, então, deixe-os descerem ao lado do corpo enquanto expira. Ao mesmo tempo, visualize-se criando uma bolha de energia ao seu redor.

- Continue respirando. A cada respiração, a bolha vai se enchendo e você sentirá maior sensação de proteção.

Eu recomendo que, se possível, você faça esse exercício em um parque ou algum lugar perto da natureza, para que possa ficar rodeado de sua energia. Porém, se você não tiver esta oportunidade ou não puder correr ao ar livre, faça isso na academia. No mundo moderno, é muito difícil encontrar tempo para cuidar de todos os aspectos de nosso ser, em particular de nosso corpo emocional e mental. Mas tente encontrar uma oportunidade. O que é bom neste exercício é que você pode cuidar de várias coisas ao mesmo tempo, seu corpo físico, emocional e mental.

Pare de se menosprezar
Lembre-se de que seus pensamentos estão sempre formando a sua vida. Não se apresse em colocar a culpa pela sua energia mental em alguma vítima externa. Com muita freqüência, somos responsáveis e culpados por formar os bloqueios em nosso corpo mental. Temos a tendência de nos comunicar com nós mesmos de uma maneira bastante destrutiva. Por exemplo, sempre pensamos coisas do tipo "eu sou inútil", "sou feio", "eu nunca serei feliz" e assim por diante. Soa familiar?

Você também já pode ter ouvido falar sobre as afirmações positivas. Essas declarações positivas, que você repete para si mesmo, destinam-se a trazer mudanças benéficas para a sua vida. Muito psicólogos descobriram que o pensamento positivo pode afetar a nossa saúde, nosso sucesso e nossa vida. Mas, infelizmente, os pensamentos negativos podem ser igualmente poderosos. Quanto mais você disser alguma coisa a si mesmo, mais o seu subconsciente irá se esforçar para criar isso em sua vida. Os pensamentos negativos criam bloqueios persistentes em sua energia mental e têm a tendência de regular nossa vida.

Nós podemos encontrar o equilíbrio interno e curar nossos campos energéticos quando começarmos a nos amar e a parar de nos humilhar com nossos pensamentos. Devemos aprender a nos aceitar como somos e não esperar perfeição. Lembre-se de que não existe perfeição no mundo. E, se algo parece perfeito, pode existir uma sombra, do mesmo modo que existem dois lados de uma mesma moeda. É importante aceitar as suas imperfeições sem permitir que elas o sobrepujem. Use sua energia positiva e as conexões com o universo para se controlar sem amaldiçoar seu lado imperfeito. Tudo isso é parte de seu Eu Divino e foi dado a você por algum motivo. Não se classifique baseado em suas imperfeições e não permita que ninguém faça o mesmo.

Reprograme o seu subconsciente

Existe um maravilhoso exercício que pode ajudar se você se sentir para baixo. Ele também contribui para superar as experiências negativas do passado.

- Deite-se ou sente-se de forma confortável. Concentre-se na respiração e relaxe.

- Imagine-se num cinema. Em frente de você existe uma enorme tela.

- Agora, projete naquela tela um filme desagradável. Pode ser um filme de como você se vê negativamente (por exemplo, como você é gordo ou como se sentiu mal numa festa) ou uma cena na qual você se comportou mal (por exemplo, quando perdeu a paciência com alguém).

- Faça esse filme ser o mais claro e brilhante possível, como se você fosse o *cameraman*.

- Agora, no canto direito inferior, existe outra pequena tela. Nela, está passando a mesma cena, mas dessa vez você está parecendo melhor ou se comportando bem. O filme é pequeno e borrado.

- Agora você precisa inspirar profundamente e, expirando de repente, deve dizer algo como "Uuf" ou "Ha". Precisa ser um som exclusivo – empurre a expiração para fora com esse som e, no mesmo momento em que expira e grita, amplie o filme menor e o coloque sobre o maior. Ele se torna grande, brilhante e cristalino.

- Continue respirando. A cada expiração e a cada grito o filme se torna mais brilhante e definido.

- Experimente a alegria e o prazer de ver esse novo filme que o descreve na forma ideal. Sinta como é bom ser dessa forma. É importante que você tenha uma profunda satisfação quando vir as novas cenas.

Treine a sua mente para ser mais positiva

O nível de satisfação que temos com a nossa vida – nossas expectativas, sonhos e esperanças – são todos formados e refletidos em nosso humor. A nossa atitude em relação às coisas e as nossas reflexões sobre a vida são influenciados por nosso ânimo interior. É essa a razão porque uma pessoa se sente nocauteada pelo menor problema enquanto outra permanece com espírito elevado mesmo quando enfrenta os maiores infortúnios. Cada um de nós quer ser diferente ou apresentar um aspecto diferente, seja o *status* ou a dinâmica familiar. Nossos sonhos se refletem numa combinação de desejos e pensamentos: tudo isso forma nosso "ego do desejo". O nosso humor também é muito dependente do nível de proximidade entre "ego do desejo" e "ego da realidade" (em outras palavras, aquilo que desejamos e aquilo que conseguimos; o que é realizável). Todos devemos aprender o caminho para percorrer a distância entre os dois egos; não importa se é longo ou curto, uma vez mais, temos que ensinar a nós mesmos a forma de apreciar o presente e a maneira de treinar a nossa mente para que ela se concentre nos aspectos positivos que nos rodeiam.

Antigamente, as pessoas costumavam orar para conseguir seus objetivos. A oração dava fé para acreditarem no sucesso, incentivando-as a confiar na ajuda de Deus. Atualmente, as pessoas têm a tendência de não acreditar em ninguém, exceto nelas próprias. É por isso que precisamos encontrar novas formas de manter uma perspectiva mental positiva. Para conseguir isso, precisamos treinar nossa mente a absorver e registrar as informações positivas.

Enriqueça a sua mente com positividade

Pratique este exercício à noite, em um ambiente calmo (talvez na cama).

- Feche os olhos e tente se lembrar, em pormenores, de tudo o que lhe deu prazer durante o dia. Pode ser tão simples como uma refeição bem apresentada no almoço, a lembrança do aroma de um novo perfume ou a recordação de um abraço de seu filho.

- Procure sentir essas sensações mais uma vez. Quanto mais detalhadas forem as suas lembranças, mais elas ativarão os seus 5 sentidos, tornando-se mais eficazes.

- Para começar, procure encontrar um ou dois momentos positivos em seu dia. Quanto mais você treinar a sua mente, mais você se concentrará nos detalhes que perdeu no início. Você também vai começar a encontrar mais alegria e beleza nas coisas simples, como as gotas de chuva ao sol ou o sorriso de uma pessoa estranha.

Deixe pensamentos indesejados partirem

Os nossos pensamentos estão intrinsecamente ligados com o nosso humor; sua energia nos transforma naquilo que somos. Devemos nos perguntar o que são nossos pensamentos. Em que nossa alma está sintonizada? Talvez alguém o tenha insultado e, como resultado, seu humor está repleto de ressentimento. Isso significa que seus pensamentos estão controlando você e seu humor. É muito importante compreender quais são os seus próprios pensamentos e quais pertencem à outra pessoa – alguém cuja energia está controlando e gerenciando o seu destino. É muito fácil que o pensamento de alguém se transforme nos seus e, pior ainda, comecem a dominar a sua mente.

Por que isso acontece? Por que deixamos que isso aconteça? Basicamente porque não nos conhecemos; não somos capazes de controlar os pensamentos e não podemos controlar o destino. Nós não construímos o nosso destino de uma maneira consciente, não administramos nossa própria energia. Não vivemos como seres inteligentes (o que os seres humanos são na verdade), mas como animais impulsivos que são levados de um estado de humor para outro dependendo das energias externas que nos circundam. Ao vivermos assim, estamos abertos demais para as influências externas, como se flutuássemos. Muitas pessoas percebem esses momentos quando sentem pensamentos sombrios e tristes penetrando sua mente de repente. Talvez isso aconteça nas circunstâncias em que a desarmonia interior de seu subconsciente tenta empurrar alguma coisa para fora para livrar-se dessa negatividade interna. Pode haver muitas razões. Sejam quais forem, sempre deveríamos nos libertar de quaisquer pensamentos perturbadores que tenham sido impostos a nós por outra pessoa.

Aqui está uma técnica para ajudá-lo a se livrar de pensamentos indesejados:

- Inspire profundamente. Ao fazer isso, empurre os pensamentos negativos até aglomerá-los no formato de uma bola. Pode ser uma bola preta ou de qualquer outra cor. Se você não conseguir formá-la completamente com apenas uma inspiração, continue inspirando e expirando como se estivesse enchendo um balão. Você pode visualizar essa bola de energia densa em qualquer lugar de seu corpo: estômago, coração ou garganta.

- Depois de ter criado esse aglomerado, expire drasticamente: com um forte sopro ou um forte espirro. Empurre essa bola indesejada de seu corpo com a expiração, imaginando que ela se desloca para cima até sair pelo topo da cabeça.

- Se você sente que ainda não se livrou de tudo, respire normalmente e depois expire bombeando a respiração para fora. Continue até que não sinta mais nenhuma sensação desagradável.

- Agora imagine que aquela bola está flutuando 1 ou 2 metros acima de sua cabeça. Inspire naturalmente e expire bem devagar. Agora comece a respirar como se estivesse bombeando novamente, bombardeando a bola com sua respiração e rompendo-a com força. Continue a fazer isso em pensamento até ver a bola explodir como um fogo de artifício, criando flashes brilhantes. Deixe essas partículas multicoloridas irem embora.

O poder da água

Usamos as propriedades tranqüilizadoras da água todos os dias, mesmo sem nos atentar ao seu grande poder de equilíbrio. Por exemplo, se alguém de repente se sente mal ou fraco, instintivamente, no mesmo instante, oferecemos um copo d'água e ajudamos a pessoa a tomar um gole bem devagar. Sabe-se que alguém que é abusado sexualmente ou psicologicamente sente uma urgência desesperadora de passar um longo tempo debaixo do chuveiro, em estado meditativo, como se quisesse deixar escorrer a energia "pesada".

Exercício da água para equilibrar a energia
- Pegue um grande copo de água mineral. Sente-se e beba a água tranqüilamente.

- Sinta a água passando por dentro de você.

- Sinta o frescor e a umidade da água – especialmente quanto atingir o estômago.

- Experimente a sensação da água passando por todo o seu corpo.

- Agora abra a torneira e passe a água fria na pele.

- Estique os braços em direção à água da torneira, vire as palmas das mão de modo que elas fiquem viradas uma para outra, deixando o fluxo da água passar entre elas, sem tocá-lo. Faça tudo bem vagarosamente.

- A sensação de frescor passará a ser uma sensação de rejuvenescimento e de poder irradiadas por seu corpo a partir de sua mãos.

- Assim que você sentir que sua vitalidade e energia aumentaram, pare o exercício. Mentalmente, agradeça ao elemento água pelo poder fornecido a você.

Meditação da cachoeira

- Feche os olhos suavemente. Concentre-se na respiração, inspirando e expirando profundamente.

- Imagine uma cachoeira de água cristalina. A água é cristalina como um diamante.

- Com a água correndo sobre a sua cabeça, imagine que você está debaixo da cachoeira. A água entra direto em seu campo energético, levando embora toda a energia lenta e de baixa freqüência que se acumulou durante o dia.

- A água cristalina é revigorante e refrescante.

- Imagine que a água está penetrando pelo alto de sua cabeça, direto no chacra da coroa.

- Ela penetra em todo o seu corpo e sai pelas pontas dos dedos das mãos e dos pés.

- Repare que essa água que sai pelos dedos é turva e escura.

- Permita que a água continue penetrando através de você até que a cor, ao sair pelos dedos, esteja tão cristalina quanto as águas de uma cachoeira.

- Quando essa transparêcia ocorrer, imagine que você está preenchendo seu espaço interior com essa água – limpa e clara, revigorante e revitalizante.

- Agora saia da "cachoeira" (e do chuveiro, claro!), enrole-se na toalha limpa imaginando que está se enrolando em uma camada protetora que o deixará seguro contra invasões.

- Respire fundo; movimente os dedos dos pés e das mãos e dê um grande sorriso.

Por favor, certifique-se que a pressão da água não seja muito forte e que sua cabeça esteja exatamente embaixo da ducha. Fique atento também à temperatura da água, coloque-a em uma temperatura agradável. Separe um roupão limpo para utilizar logo após o banho.

Roupas energizantes

Como estamos trabalhando para a melhora de nosso estado de espírito, recomendo que você também volte a atenção para sua roupa e imagem exterior. Quando você está de bom humor, ficar atraente e se vestir bem são coisas desejáveis e vice-versa. Quando você veste belas roupas e sua imagem reflete quem você é, isso também levanta o astral. Quando vestimos roupas que gostamos, corrigimos a postura e o jeito como andamos, transmitindo confiança ao mundo exterior.

Acho que as pessoas não deveriam usar roupas velhas ou guardá-las por muito tempo, porque nossas roupas absorvem energia e, depois de um tempo, passam a carregar os sentimentos do passado, sejam negativos ou positivos. Portanto, usar as roupas velhas são como vestir um eco de velhas energias das turbulências e preocupações. Já as roupas novas têm um efeito quase liberador, incentivando-nos a seguir em frente. Até as cobras perdem a pele e as aves perdem as penas! Quase sem pereber, nas épocas festivas, ao usarmos roupas maravilhosas, estamos tentando deixar para trás as roupas diárias e as preocupações.

As festas estão quase sempre relacionadas a novos começos,

então quando usamos roupas novas estamos tentando atrair, subconscientemente, novos capítulos para nossa vida.

Da mesma forma, quando usamos uniformes (no trabalho ou na escola, por exemplo) estamos nos ajudando a entrar num estado alterado de espírito para melhorar nosso desempenho. Todos deveriam dar uma espiada no guarda-roupa e checar se o conteúdo realmente reflete nossa personalidade autêntica. As suas roupas têm um efeito positivo em você? Ou são apenas mais um uniforme para passar despercebido?

Mais uma coisa: não use roupas muito apertadas e prefira as que são feitas de material natural.

PARTE V
O SEGREDO DAS PESSOAS

| Capítulo 15 |

O PODER DAS ENERGIAS POSITIVAS

Até agora, olhamos minuciosamente a forma como a energia interior trabalha. Analisamos os modos de equilibrá-la, como lidar com as emoções negativas e, se você praticou os exercícios fornecidos aqui, já deve estar percebendo uma grande melhora em sua energia e bem-estar.

No entanto, infelizmente não é suficiente prestar atenção em si próprio. Nossa energia é também afetada pelo modo como interagimos com as outras pessoas. Cada pessoa que cruza o nosso caminho afeta a nossa energia – desde familiares e amigos até colegas de trabalho e transeuntes que sentam ao nosso lado no ônibus.

A troca de energias negativas – os diferentes tipos

Há sempre uma troca de energia entre as pessoas e nem sempre isso tem um efeito positivo na saúde. Uma troca saudável de energia ocorre normalmente entre pais e filhos ou entre namorados. Por outro lado, as trocas negativas ocorrem entre pessoas que estão brigando, pessoas ciumentas ou invejosas. Tente perceber como você se sente em relação a diferentes pessoas. Permita que sua intuição trabalhe e veja como sua energia reage a essas pessoas.

Também gostaria que você conhecesse os intercâmbios de energia negativa mais comuns. Por conta do meu trabalho, recebo com freqüência várias energias desequilibradas, muitas vezes resultantes da troca de energia entre meus pacientes e outras pessoas. Isso não é de se surpreender. Pense no que ocorre quando você discute com alguém: não é difícil não ter um sentimento ruim envolvido?

Assim, a energia negativa é nada mais que energia negativa? Longe disso! Como terapeuta, diagnostico muitos tipos diferentes de intercâmbio de energia negativa. Será muito útil se familiarizar com eles, não para tratá-los de forma diferenciada, apenas para saber como poderá ser afetado. Acho que você reconhecerá pessoas e situações nos parágrafos a seguir. Será muito bom que isso aconteça, talvez o ajude a evitar problemas no futuro.

Tipo 1: buracos de energia ao nível emocional

Assim como a matéria física pode ser rasgada ou dividida, as camadas de energia podem ser perfuradas. A sua energia emocional, ou campo energético pessoal, é altamente vulnerável a qualquer troca de energia negativa entre você e outras pessoas. Isso acontece quando outra pessoa lhe dirige uma seqüência negativa de energia emocional – por exemplo, durante uma discussão. Isso pode prejudicar significativamente o modo como a sua energia se relaciona com o mundo exterior. Se você for vítima de uma troca desse tipo, seu campo energético desenvolverá buracos através dos quais a energia vital poderá vazar.

E como isso acontece? Quando alguém está sendo agressivo verbalmente seu campo energético se expande e começa a vibrar em uma freqüência muito rápida. É como se essa pessoa estivesse produzindo espinhos energéticos. Uma pessoa com um campo energético fraco, ou temporariamente enfraquecido, poderá ser gravemente ferida por essas freqüências invasivas.

Infelizmente, não são apenas as energias negativas verbais que podem causar danos. Energias passivas, aquelas que não necessariamente são expressas, podem ser ruins do mesmo modo, como a inveja ou o ódio. Vejamos o exemplo do casamento de dois jovens. A mãe do rapaz não está satisfeita com a escolha do filho. Ao canalizar constantes pensamentos negativos para sua nora, ela está tentando destruir e enfraquecer a jovem esposa.

Alguém está solapando o seu poder?

As pessoas podem atacar sua aura de maneira consciente ou inconsciente. Muitas delas não têm a mínima idéia de como a energia negativa é poderosa. Por exemplo, você pode se tornar perturbado por trabalhar ou viver com uma pessoa super possessiva ou desequilibrada. Além disso, se você passar muito tempo com alguém que tem uma energia muito forte, mas não repercute na mesma freqüência que você, poderá acabar com seu campo energético prejudicado em muitos sentidos.

Tudo tem relação com a química

Todos nós temos uma determinada freqüência e ela pode se transformar ao longo de nossa vida. Dependendo daquilo que aprendemos, essa freqüência pode se tornar mais refinada ou mais densa. Somos naturalmente atraídos pelas pessoas cuja freqüência se harmoniza com a nossa. Você já deve ter ouvido falar sobre a "química" entre as pessoas. Pois bem, ela é a verdadeira razão. Ela também explica porque você se tornou o melhor amigo de alguém, mas depois de meses ou anos percebeu que a ligação não era mais tão forte. O que aconteceu é que suas freqüências não combinavam mais. Talvez até estivessem repelindo um ao outro. Acho que tomar conhecimento disso é muito útil, pois muita gente acha que deve manter os amigos por toda a vida e sentem-se culpadas por não terem mais nada em comum com os antigos amigos. Você é uma pessoa de sorte se todos os seus amigos evoluírem na mesma frequência energética, mantendo o mesmo nível de química anterior. Não é preciso cortar brutalmente as pessoas de sua vida, mas talvez seja bom se distanciar gentilmente daqueles amigos com os quais não há mais nada em comum.

Seu campo energético emocional está danificado?

Os buracos de energia podem ocorrer em todos os chacras

e, dependendo dos sintomas, você poderá constatar quais os lugares mais suscetíveis de sofrer desequilíbrio.

Se você tiver um desequilíbrio energético, vai notar quase que imediatamente uma mudança sutil em seu espectro emocional. Também apresentará uma pronunciada falta de energia, irritabilidade, impaciência etc.

Primeiro chacra

De repente, você começa a se sentir mesquinho. Toma atitudes impulsivas, decisões impensadas. O mais estranho é que você começa a pensar no absurdo dessas ações; porém, mesmo assim, você não consegue parar de agir assim. Você se sente como se as pernas o levassem em direção a um abismo.

Segundo chacra

Subitamente, você percebe que o entrosamento familiar começou a mudar. Sente-se fraco, sem energia, solitário e inútil. As fugas energéticas desse chacra são muitas vezes diagnosticadas como depressão erroneamente. Você poderá também invejar o sucesso de outras pessoas, pois os buracos nesse chacra inflamam faíscas de ciúme. Será cada vez mais difícil falar a verdade e você desejará coagir pessoas a seguir a sua vontade. Nos casos extremos, pessoas com essa forma de buraco energético podem se tornar extremistas e até terroristas.

Terceiro chacra

Você começa a agir como um avestruz: esconde a cabeça na terra, com medo de tudo e de todos. Você evita ser responsável por sua saúde ou por seu trabalho. Passa a ter medo de sair de casa e começa a sentir desconfiança ou mesmo ódio de outras pessoas. Meus pacientes nesse estado são arrastados por seus familiares até mim.

Quarto chacra

Se sua energia estiver trincada nesse chacra, você irá desenvolver uma personalidade cruel, seca e cínica. Poderá se tornar inquieto e ansioso. Vai começar discussões inúteis e vazias. As pessoas cujo campo energético está muito rachado nesse nível não acham nada demais trair os outros e vão se deliciar com brincadeiras cruéis.

Quinto chacra

Você começa a mudar sua relação com as pessoas queridas. Passa a culpar o passado por todos os seus infortúnios. As pessoas com esse desequilíbrio perdem abruptamente todo o interesse em suas conquistas e sucesso. Não ouvem a ninguém, a não ser elas mesmas. Nem mesmo se dão conta de que estão ficando em completo isolamento.

Sexto chacra

O desequilíbrio nesse campo energético leva a pessoa a se tornar maluca e esquecida. Ela perde a inspiração e o senso de humor, podendo se distanciar das outras pessoas.

Sétimo chacra

Se ele estiver rompido, sua "antena interna" será afetada e as pessoas erradas serão atraídas, muitas vezes pessoas "falsas". Perderá o bom senso e ficará agressivo, podendo até fazer coisas que sempre rejeitou – como drogar-se ou embriagar-se. As pessoas atraídas para sua vida o pressionam a desenvolver ações e comportamentos disfuncionais.

Há muita violência na tevê?

É importante saber que podemos afetar nossa aura, especialmente no nível astral, se assistirmos a programas ou filmes violentos e agressivos ou se ouvirmos músicas pertubadoras. A pornografia, a agressividade e a violência estão ligadas com os chacras baixos, por isso esses assuntos podem sobrecarregá-lo. Os jogos de computador violentos são especialmente perigosos, pois podem danificar o nível astral vulnerável das crianças. Na Rússia, os desenhos animados não são violentos – são sempre muito positivos – e não existem imagens violentas que possam prejudicar a aura infantil.

Tipo 2: buracos nos campos energéticos mental e emocional
Existe outro tipo de energia externa que pode romper nossa aura – tanto no nível emocional, quanto no nível mental.

Esse é um grave desequilíbrio energético, criado quando alguém, de maneira consciente e deliberada, canaliza emoções negativas para você acompanhadas por um forte comando (um tipo de afirmação negativa).

Esse desequilíbrio energético não foi criado, como se poderia pensar, por magos ou bruxas, mas é causado por pessoas que estão perto de nós. Isso geralmente acontece durante um estresse psicoemocional mútuo. Vejamos o exemplo de um colega de trabalho competitivo que está cheio de ciúmes e inveja de você. Às vezes, quando você está estressado, essa pessoa pode fazer, de forma profunda, afirmações do tipo: "você é um perdedor!" ou "nunca será um bom patrão". Se você estiver num estado fraco de energia, essa explosão de afirmações negativas e de energias negativas vão combinar-se diretamente contra você, transformando-o numa espécie de zumbi.

O precioso livre-arbítrio e o brilho do corpo astral tornam-se reprimidos debaixo da energia negativa de outra pessoa e se tornam dependentes dela. Mas esse grave desequilíbrio energético não precisa ser necessariamente causado por outra pessoa. Infelizmente, muitas vezes, e mais do que se pode pensar, vejo pessoas sujeitarem a própria aura a tal ataque destrutivo, sem o auxílio de ninguém, apenas sobrecarregando as emoções de autonegação ao falar e agir de uma maneira negligente e destrutiva.

Tipo 3: os vampiros de energia

Quando se fala em vampiros, lembramos da imagem de assustadoras criaturas com enormes presas sugando o sangue de suas vítimas. Seria muito bom se os "vampiros de energia" fossem tão visíveis e óbvios quanto essas criaturas! Mas os vampiros de energia aparecem com disfarces muitas vezes inócuos. Eles podem estar disfarçados como seus pais, empregados, patrões, ou simplesmente ser a pessoas sentada ao seu lado no metrô. Mesmo certos animais ou plantas podem exercer um efeito de drenagem sobre sua energia.

Existem 3 tipos de vampiros de energia: os conscientes, os subconscientes e os temporários. Vamos analisá-los, um por vez.

Os conscientes

São premeditados e se alimentam de maneira consciente de sua energia. Eles fazem isso porque sabem, de experiências anteriores, que roubar energia alheia os fazem sentir-se melhor. Quase se transformam em "adictos de energia", emulando comportamentos semelhantes ao dependente de drogas. Esse tipo de pessoa provoca os outros para conseguir fortes reações – geralmente raiva –, pois elas fornecerão energia de modo mais fácil.

Os vampiros fazem comentários humilhantes sobre as pessoas mais fracas que estiverem por perto. Algumas vezes, começam longos discursos paternalistas para provocar a reação energética de que precisam. Provocam até as pessoas ficarem com raiva e gritarem dolorosamente – e então, nesse preciso momento a energia é liberada e transferida do irritado doador para o provocativo vampiro. Você encontrará esse tipo de gente nas multidões – por exemplo, dentro dos transportes públicos –, geralmente tentando provocar uma discussão. Eles são profundamente irritantes, vão importuná-lo perguntando sobre alguma coisa ou pedindo conselhos que não precisam e nem vão seguir.

Todos os provocadores são vampiros, já que se alimentam da energia do desespero, do medo e da submissão.

Embora eu chame esse tipo de desequilíbrio de "consciente", às vezes pode ser manifestado de uma forma bem sutil e mais impulsiva do que premeditada. Essa espécie de vampiro em geral desconhece a perversão de sua doença energética. Sabem apenas que se sentem bem quando outros se sentem mal, então fazem o que for preciso para deixar alguém mal.

Esse tipo de vampiro pretende criar nos outros uma mistura de culpa, medo e ansiedade. Eles torturam os outros sendo misteriosos ou utilizando frases incompletas. Adoram reclamar e se lamentar.

Os subconscientes

Como terapeuta, vejo muitos casos de danos feitos a meus pacientes pelos vampiros subconscientes. O mais triste é que, em geral, esses vampiros são as mães. Você pode achar isso surpreendente, então deixe-me explicar. Nós somos conectados às nossas mães por um cordão energético invisível similar ao cordão umbilical. Até mais ou menos a idade de 5 ou 6 anos, continuamos ligados às nossas mães pelo nosso segundo chacra, partilhando da mesma esfera ovalada energética que ela. Após essa idade, nosso cordão energético começa a desaparecer e conquistamos nossa própria esfera de energia, individual e autônoma. Nos casos em que a mãe tem uma forte necessidade da presença do filho, por causa de um divórcio ou outro evento emocional, ela utiliza a energia do filho para permanecer emocionalmente à tona. Ela vai, de maneira subconsciente, nutrir e se alimentar através do cordão, impedindo a separação entre ambos. Por causa dessa interação, a energia da mãe se transforma num amor sufocante ou em uma turbulenta relação de amor e ódio. A energia materna não permitirá que a criança desenvolva independência. Ambos viverão a vida toda em simbiose. Se você se identificou com isso, recomendo que pratique o exercício do corte do cordão energético, o qual descreverei mais adiante.

Os temporários

Esse é o mais comum dos vampiros energéticos. Todos nós vestimos essa máscara de tempos em tempos. Quando nos sentimos doentes, com vontade de reclamar ou precisando de um ombro para chorar, podemos agir como "bebedores" de energia. Os idosos muitas vezes agem assim.

Essa atitude não é particularmente perigosa para nossa energia e não fará mal se a doarmos temporariamente para alguém. Nossa aura vai reconstituir rapidamente a energia partilhada e, talvez, essas pessoas dividam a energia delas conosco um dia. Não fique amedrontado de dar a sua energia a alguém que realmente precisa. Mas, uma vez mais, tome cuidado para não se esgotar; pratique os exercícios indicados para estabilizar seu campo energético. Você tem que estar forte primeiro para você e depois para os outros.

Se você pensar um pouco, saberá exatamente quem são seus vampiros energéticos. Eles são pessoas cujo telefonema você teme porque sabe que vai se sentir mal e deprimido. São pessoas que sugam você toda vez que os vê.

O abuso mútuo de energia tornou-se uma epidemia nos dias de hoje. Estamos vivendo momentos de tensão emocional e física tão constantes que, quando interagimos com os outro a tendência é desequilibrar a afinação deles.

Os cordões energéticos em nossos chacras

Como já analisamos, temos um espaço ao redor de nosso corpo físico que é preenchido com nossa bioenergia, a aura. Nós nos referimos a esse espaço como nosso "espaço pessoal".

A fim de nos sentirmos equilibrados, não podemos permitir que nosso espaço físico e áurico sejam invadidos.

Já estudamos alguns graves desequilíbrios energéticos que ocorrem por causa do poder das emoções alheias. Agora é o momento de conhecermos outros tipos de desequilíbrios, aqueles manifestados quando nos ligamos demais a outras pessoas ou quando elas fazem isso conosco. O que ocorre é que o nosso campo energético pode criar um cordão de energia que, se a outra pessoa for mais fraca, se tornará co-dependente de nós. Esses cordões podem ser criados a partir da energia de diferentes chacras e podem depender demais do ponto onde se conectaram. Vou descrever agora os efeitos que surgem conforme o chacra afetado.

Primeiro chacra

Esse chacra é o centro de sobrevivência do nosso campo energético. Se o seu cordão estiver ligado a partir dele a outra pessoa, é como se você estivesse dizendo: "Preciso de sua energia". Esse cordão pode ocorrer naturalmente entre pais e filhos, quando um sinceramente se preocupa com o outro e tenta ajudá-lo. Em uma circunstância negativa, esse cordão ocorre entre colegas de trabalho, por exemplo, quando alguém utiliza uma idéia sua para realizar alguma tarefa.

Segundo chacra

Esse é o chacra da intimidade sexual e emocional. O nó nesse chacra pode ocorrer quando uma pessoa tem apenas interesse sexual por você. Também pode existir em pessoas que dependem fortemente de seu apoio emocional.

Terceiro chacra

Esse chacra é como uma estação geradora de energia. Se você se conectar através dele com a energia de outra pessoa, é como se um de vocês tivesse um intenso desejo de se alimentar da energia do outro. Isso soa similar ao primeiro chacra, mas se trata mais sobre o desejo de compartilhar sua imagem, sua persona.

Quarto chacra

Esse é o chacra do amor. Quando você tem um amor sincero ou profundos sentimentos por outra pessoa, cria um vínculo energético muito forte. Precisa assumir a responsabilidade pelos efeitos positivos que essa conexão exerce sobre a outra pessoa. Pode ser uma experiência espiritual muito esclarecedora para ambos. Normalmente, esse cordão energético é mútuo, entretanto, no caso de um amor não correspondido essa conexão pode ser forçada por uma das partes.

Quinto chacra

Representa a estética e a comunicação. Se houver um *link* aqui, significa: "quero me comunicar com você". Às vezes, esse feixe de energia causa uma dor na garganta – por exemplo, quando o seu patrão impõe as vontades dele e você não concorda.

Sexto chacra

Corresponde à intuição e à clarividência. Se alguém pensa constantemente em você ou você não consegue tirar alguém da cabeça, ocorre um vínculo energético muito forte. Isso também ocorre quando uma pessoa está sempre querendo saber o que se passa na cabeça da outra.

Sétimo chacra

Esse é o chacra do verdadeiro conhecimento. Se alguém deseja controlar você ou obrigá-lo a seguir um determinado caminho, irá impor esse cordão energético a você. Isso é comum em algumas escolas de ocultismo, nas quais os mestres criam essa conexão energética para manter os alunos obedientes. Outro exemplo são os políticos que persuadem os eleitores.

As mãos

Também é possível criar uma conexão através da energia das mãos, pois elas são um centro de energia criativa. As pessoas que se conectam dessa maneira têm a sensação de estar com as mãos atadas, como se não conseguissem segurar nada, pois essa energia é controladora e dominante.

| Capítulo 16 |

O PODER DA PROTEÇÃO

Agora que você está consciente do problema, é vital que aprenda a se defender. Todos nós deveríamos obter maestria em certas práticas de defesa para nos protegermos contra as influências negativas externas.

O que posso lhe dizer de maior importância é que devemos sempre nos lembrar de que ninguém tem o poder de nos influenciar negativamente se mantivermos a aura forte. Esse lema foi gravado na minha psique pela minha mãe desde que eu era menina.

Nós sempre temos uma escolha – permitir ou não que o intercâmbio de energias prossiga. Só porque outra pessoa está perto de você não significa que sua energia vai necessariamente interagir com a dela. Todos nós temos uma última camada energética de proteção na aura. Essa energia é quase como uma fina membrana que envolve protetoramente nossa esfera áurica. Quando você está saudável e equilibrado, essa camada protetora é elástica e firme e qualquer energia negativa canalizada contra você irá ricochetear nesse escudo. Mas, quando você está enfraquecido, ela se torna porosa e a energia negativa infiltra-se causando danos a todas as camadas áuricas.

Se em algum momento você se sentir ameaçado, saiba que está sob ataque; quando tiver a sensação de que alguém invadiu o seu espaço, a melhor opção é ir embora. Entretanto, quando essa opção não for possível, não cruze os braços instintivamente sobre o plexo solar, pois nem sempre isso funciona. Vou ensinar uma técnica que fechará seu circuito energético, dificultando que as pessoas invadam seu espaço.

A proteção do diamante

- Coloque as mãos confortavelmente sobre as coxas.

- Una os dedos indicadores e os polegares formando um losango, um diamante.
- Os dedos restantes da sua mão direta curvam-se e descansam sobre o topo dos dedos da mão esquerda.

Pronto. Suas mãos criaram um "diamante" protetor na frente de seu corpo, fechando o circuito energético. A beleza desse exercício é a sutileza, pois ninguém saberá o que você está fazendo ou por quê.

Reforço protetor

É possível reforçar a proteção um pouco antes de entrevistas de emprego ou de reuniões importantes, assim você não ficará intimidado. Coloque a mão esquerda sobre a direita e então coloque a palma da mão direita sobre o plexo solar. Enquanto faz isso, diga mentalmente, de forma clara e firme:

"Minha energia não irá a lugar nenhum. Minha energia está sempre comigo".

Repita isso muitas vezes, enraizando profundamente esse conhecimento de que ninguém pode influenciar você. Se praticar esse exercício com freqüência, nunca se sentirá intimidado na presença dos outros e sua energia se manterá estável e equilibrada.

A proteção da rosa branca

Aqui está outra maravilhosa arma de proteção – a rosa branca. Se souber de antemão que participará de uma reunião difícil, talvez até agressiva, coloque um vaso com rosas brancas entre você e as demais pessoas. As flores irão neutralizar, de modo significativo, o intercâmbio de energias negativas. Recomendo que seja colocado um vaso de rosas brancas em cada sala de reunião de um escritório, bem como nas salas individuais.

Auto-proteção do centro pessoal

Se você tiver um acesso de nervosismo ou alguém estiver tentando confundir sua energia mental plantando sementes de medo ou ansiedade, reconecte-se imediatamente com seu centro pessoal. Aconselho que fique de pé, com a cabeça erguida e olhando para frente, logo acima do topo da cabeça da pessoa que o está atacando. Enquanto faz isso, diga mentalmente, de forma clara e firme:

"Rejeito todas as influências negativas que venham de qualquer pessoa ou circunstância. Proclamo minha supremacia sobre essas influências".

Também recomendo que tente descobrir por qual motivo esse invasor o ataca, seja por medo, ansiedade, ou qualquer outra coisa. O primeiro passo para prevenir o ataque é estar preparado e ter consciência de sua possibilidade.

Tela mental de proteção

Tente fazer esse exercício mental logo que perceber o ataque de alguém que pretende irritá-lo e forçá-lo a vivenciar emoções e pensamentos negativos. Coloque uma tela mental entre você e essa pessoa – uma parede de vidro espessa e dura. Ou pode tentar algo mais divertido: imagine essa pessoa presa dentro de um grande copo de vidro. Quando ela falar, as palavras soarão distantes e abafadas.

Quando conseguir visualizar mentalmente as pessoas dessa maneira bem-humorada, não será mais vítima de invasão. O bom humor é uma das melhores proteções que temos. Então, vá em frente e prenda os invasores e "vampiros" nos copos!

Resolvendo discussões

Esta é outra dica que pode poupar energia e protegê-lo ao mesmo tempo. Nunca vá para a cama com seu parceiro (ou parceira) se vocês tiveram uma discussão não resolvida. Aliás, seria bom colocar uma regra em casa: solucionar todos os conflitos antes de dormir. Existe um dito popular na Inglaterra que diz: "Nunca vá para a cama com uma discussão", e a razão é simples. Se forem dormir zangados, toda a energia hostil que sentem um pelo outro irá poluir ambos, pois a energia se movimenta de modo mais livre quando estamos dormindo. Portanto, a energia negativa emanada cruzará de um para o outro de forma definitiva.

Uma das maneiras mais simples de resolver uma discussão é perdoar e se abraçar reciprocamente (mesmo que seja apenas mentalmente).

Proteção na hora de dormir

Entretanto, se não tiver jeito de resolver a discussão naquele momento e você tiver que dormir na mesma cama que a pessoa, faça a seguinte visualização para se proteger.

- Imagine que existe uma tela pendurada entre os dois. É importante visualizá-la pendurada do teto em direção ao solo.

- Toda vez que expirar, imagine cada expiração canalizando mais energia sobre a tela protetora. E cada respiração se torna mais e mais densa.

- Você pode aumentar o efeito utilizando um pouco mais a imaginação: visualize uma tela de proteção feita de material altamente resistente, como aço, ferro etc.

Ritual do perdão

Se você carregar a energia agressiva de não-perdão para a cama, corre o risco da autodestruição. Essa energia hostil irá devorá-lo durante o sono e impedir que a energia positiva se regenere. Por isso, sugiro que, mesmo se achar difícil perdoar, faça o seguinte:

- Coloque a palma da mão direita sobre a clavícula, entre o pescoço e o ombro. Peça à energia do universo para limpá-lo.

- Então, mova a palma da mão direita e a coloque sobre a testa, exatamente sobre o sexto chacra (o Terceiro Olho).

- Incline-se suavemente e mentalize as seguintes palavras:

"*Eu perdôo a mim mesmo. Eu perdôo todo mundo. Eu perdôo a mim mesmo, eu perdôo a mim mesmo, eu perdôo a mim mesmo*".

Proteção contra um ataque psíquico

Quando sentir que há perigo de um ataque "vampiresco" ou qualquer outro tipo de ataque psíquico, imagine imediatamente uma esfera giratória. Visualize como se ela estivesse girando ao seu redor, no sentido horário, cada vez mais rápido. Enquanto faz isso, imagine-se dentro de um casulo energético de cor branco-leitosa.

Cortando os cordões energéticos

Se sentir que certas pessoas conectaram-se a você através de indesejáveis cordões energéticos, muito provavelmente será capaz de saber quem é a pessoa que está drenando a sua energia ou tentando transformá-la. Você deverá romper esse cordão. Veja como.

- Visualize a pessoa em sua mente. Se achar difícil, olhe uma fotografia dela.

- Agora feche os olhos e tente se lembrar de tudo sobre essa pessoa – voz, olhos, jeito de andar, rosto. Isso ajudará a reproduzir uma imagem vívida.

- Agora abra os olhos e imagine que a pessoa está a seu lado. Sinta a presença dela usando todos os seus sentidos.

- Feche os olhos, fixando a imagem bem na sua frente.

- Enquanto a visualiza, faça ela ficar cada vez menor.

- Depois de um curto espaço de tempo, a imagem estará do tamanho de um ponto e desaparecerá na eternidade.

- Agora, procure visualizar e sentir a pessoa novamente. No entanto, dessa vez, imagine que você esticou cordões de energia desde seu chacra cardíaco e o chacra do plexo solar até a outra pessoa.

- Novamente, imagine a pessoa diminuindo enquanto está pendurada nos cordões de energia – como se fosse uma marionete. Mantenha essa sensação.

- Então visualize que está cortando os cordões energéticos com uma grande tesoura afiada. Mais uma vez, a pessoa foi reduzida a um ponto.

- Enquanto o ponto desaparece na eternidade, toma o formato de um número oito (8).

Você pode repetir esse exercício mental quantas vezes quiser, até que se sinta completamente livre da energia negativa daquela pessoa e até que não sinta mais nenhum sentimento negativo em relação a ela.

Mas você não deve realizar essa meditação energética se a outra pessoa estiver fisicamente por perto.

Outra boa maneira de se livrar de um comando indesejado é praticar o exercício "Reprograme o seu subconsciente", como foi mostrado anteriormente.

Neutralizando a energia de jóias e pinturas

Essa é outra forma de proteção muito útil. Com a ajuda do sal, você pode limpar a casa e a si mesmo, além das suas jóias e quadros. Isso é muito importante, especialmente se você comprou jóias de segunda mão ou se as ganhou de presente. Limpe e neutralize a energia da pessoa anterior – você não vai querer usar a aura dessa pessoa junto com as jóias!

- Coloque uma colher de sopa de sal em um copo com água fria.

- Ponha suas jóias no copo.

- Leve o copo à geladeira para maximizar a energia da água. Deixe por 24 horas.

- Tire o copo da geladeira, retire as jóias e lave-as com água fria corrente.

Você pode limpar a energia de fotografias ou pinturas da seguinte maneira:

- Coloque a fotografia ou a pintura em uma superfície plana, com a imagem voltada para cima. Cubra a imagem com um papel e polvilhe sal uniformemente sobre o papel. Deixe assim por 10 a 15 minutos.

- Depois, descarte o sal e o papel ou queime-os.

| Capítulo 17 |

PRESERVANDO SUA ENERGIA

Pessoas com energia equilibrada têm um saudável instinto de auto-preservação. Quando esse instinto é forte, nós nos mantemos saudáveis; nunca ingerimos alimentos que possam prejudicar a saúde, não mantemos relações com pessoas que nos perturbam e não freqüentamos lugares com energia negativa.

No entanto, muitos de nós bloqueamos de tal forma a intuição que ela simplesmente não funciona. Deixamos de seguir nosso senso de auto-preservação. E como resultado, permitimos que outras pessoas nos destruam mental e emocionalmente; podemos até comer alimentos que nos façam mal. Detesto demonizar a comida, pois acredito na máxima "tudo com moderação", mas quando estamos desconectados da intuição, nem sabemos mais o significado da palavra "moderação". É por isso que comemos e bebemos em excesso. Deixamos de selecionar aquilo que ingerimos assim como deixamos de selecionar as pessoas com quem nos relacionamos.

Economize energia e salve-se!

Em primeiro lugar, eu sugiro que você economize a sua energia evitando eventos desnecessários. Se você fosse medir o quanto de sua força vital foi usada para freqüentar festas inúteis e suportar conversas vazias, você se perguntaria: "Por que eu faço isso?" Nós propagamos de bom grado a nossa energia em coisas vazias quando, ao invés disso, essa energia poderia ter sido utilizada em uma conversa com um amigo próximo, para ler um bom livro ou para ficar em contato com a natureza.

Pare de seguir a multidão

Preserve a sua energia evitando interagir com multidões; prefira pequenos grupos. Muitas pessoas vão a uma festa atrás de outra, sem saber exatamente para onde estão indo.

Tendem a passar a maior parte do tempo livre falando coisas triviais. Marcam encontros que realmente não lhes interessam. Agindo assim, perdem um bocado da preciosa energia, reduzindo conseqüentemente o nível de consciência.

Evite as multidões e passe mais tempo com pessoas que tenham a mesma "freqüência energética" que você. Isso vai enriquecer e preservar a sua energia. Lembre-se de que o universo nem sempre envia pessoas para a vida toda. Algumas delas entram em nossa vida apenas por um dia; outras podem ficar um pouco mais. E, se tiver sorte, um pequeno grupo muito especial manterá uma conexão real durante toda a sua jornada. Por favor, não espere que as mesmas pessoas o sigam em todos os ciclos de sua vida: não gaste energia emocional à toa tentando unir-se a pessoas que já não estão mais em sintonia com você. Aceite as diferenças e pare de buscar antigas conexões.

Olhe à sua volta, procure na agenda e tente distinguir aqueles que enriqueceram a sua vida daqueles que drenaram a sua energia. Quando ficar claro de quem deve manter distância, faça isso e lhes envie muito amor. Agradeça-os, mentalmente, por terem participado de sua vida um dia e siga em frente. É claro que há certas pessoas com as quais você tem algumas obrigações – por exemplo, seus pais. Embora possa ser difícil, é de vital importância que pratique o amor incondicional com eles, abstendo-se de julgá-los por ações passadas ou maneiras particulares de agir. Lembre-se de que eles ainda estão na curva de aprendizado, assim como você. Também acredito que a alma escolhe os pais de acordo com as lições de vida que deseja aprender.

Qual é a coisa mais importante na vida?

Depois de aprender a enxergar cada uma de suas ações pelo prisma do gasto energético, perceberá quanta energia desperdiçou à toa em tempos passados. Também ajudará a estabelecer prioridades. Esse nível de conscientização vai lhe deixar com mais base para agir.

Para ajudá-lo a se conectar e a estabelecer as prioridades, pratique os seguintes exercícios de respiração meditativa.

- Procure um lugar calmo e silencioso. Sente-se confortavelmente e deixe a sua respiração fluir.

- Inspire e pergunte mentalmente: "Qual é a coisa mais importante em minha vida?"

- Expire e pergunte novamente: "Qual é a coisa mais importante em minha vida?"

- Pratique essa respiração, perguntando sempre que inspirar e expirar. Faça por mais ou menos 3 minutos.

- Você notará que tudo se tornará claro e ordenado.

Respiração iogue

A ioga tem alguns exercícios respiratórios que podem ajudar a preservar o campo energético. Esta técnica lhe dará uma sensação de vitalidade e leveza. Também pode estimular a secreção de todas as glândulas e, sobretudo estimular o sistema digestivo. Quando praticá-la pela primeira vez, poderá sentir tonturas, mas será passageiro.

- Deite no chão ou numa cama firme. Mantenha o corpo o mais reto possível.

- Coloque uma de suas mãos sobre o umbigo e a outra sobre o peito.

- Feche os olhos e inspire profunda e lentamente. Você vai sentir o peito e abdômen expandindo. Sinta o movimento em suas mãos.

- Não force a respiração.

- Expire lentamente, gerando uma leve pressão sobre o abdômen, como se o umbigo fosse atraído para a coluna. Você sentirá o ar do abdômen ser contraído em direção ao peito. Sua costela ajudará a expulsar o ar pelo nariz.

- Pratique esse exercício de 10 a 15 vezes.

- Retome a respiração normal e repouse um minuto depois de completar o exercício. Fique deitado e não tente se levantar antes desse período.

PARTE VI
OS SEGREDOS DE UM
PODEROSO REJUVENESCIMENTO

| Capítulo 18 |

A DIETA REJUVENESCEDORA

As pessoas estão sempre procurando parecer mais jovens, viver mais tempo e melhor. O mercado de tratamentos de beleza e cosméticos é imenso, e promete menos rugas e um corpo com tudo no lugar. No entanto, se você realmente deseja rejuvenescer, deveria olhar para além das marcas da idade: se realizou todos os programas que recomendei, limpando a casa, a mente, o corpo e as emoções, estará bem adiantado no caminho para o rejuvenescimento. Nesta seção apresentarei mais algumas ferramentas que irão melhorar ainda mais esse trabalho.

Os próximos capítulos tratarão das dietas. Espero que sua intuição energizada o impeça de continuar fazendo más escolhas alimentares. Você não será mais tentado a escolher comidas que trazem energias perversas ou até fatais, contaminando e matando suas células. Ao contrário, essa dieta proporcionará um maravilhoso reforço na energia vital.

Todos sabem que alimento é combustível – sem comida não temos energia física, logo podemos ficar fracos e morrer. Mas infelizmente poucos oferecem ao organismo o que ele realmente necessita. Se desejar limpar seu corpo e clarear a mente, deve prestar atenção naquilo que ingere, não apenas durante esse programa de desintoxicação, mas todos os dias. Lembre-se de que aquela energia sutil está em todas as coisas. Não preciso repetir que a comida que ingere deveria ter as melhores vibrações possíveis, como uma espécia de energia empacotada.

Acredito firmemente que devemos ter muito cuidado com a alimentação. A maior parte do que está disponível nos mercados hoje é muito artificial, emite zero de energia ou, o que é pior, emite energia doente ou perigosa. Felizmente, não é assim tão difícil alimentar-se bem. Basta seguir estas regras simples.

Orientações básicas para uma alimentação saudável

Se seguir esta dieta, estará oferecendo a melhor nutrição e energia possíveis a seu corpo. Facilite sua vida e siga estas orientações. Mas não faça muitas exigências a seu corpo, realizando as mudanças todas de uma só vez. Faça a transição de forma gradual, percebendo como seu organismo reage a cada alteração. Isso facilitará o controle de sua dieta.

O que comer e beber

Sempre que possível, procure os alimentos mais frescos e naturais – se puder, compre orgânicos, pois são cultivados sem pesticidas, fungicidas e excesso de nitrato. A boa mesa é composta por alimentos locais frescos, da estação e seguros. Trabalhe a favor da natureza: o alimento que cresce na época em que foi destinado a crescer é o ideal para a nossa saúde. A natureza é sábia: saladas frescas, tubérculos, ervas, legumes, cada qual em sua época de colheita.

- Procure centrar suas refeições em alimentos orgânicos, frutas e verduras sempre que puder.

- Adicione grãos, de qualquer tipo. Depois vou explicar como cozinhá-los para conseguir o melhor resultado nutritivo.

- Feijões e leguminosas são excelentes.

- Nozes e sementes fornecem as proteínas de que necessitamos e são uma ótima fonte de micronutrientes.

- É permitido comer um pouco de carne magra orgânica quando não estiver em processo de desintoxicação, mas não sobrecarregue demais seu organismo!

- Peixes são uma excelente fonte de vitaminas e sais minerais. Procure ter certeza de que não estejam contaminados e nem corram risco de extinção. Infelizmente, os frutos do mar estão quase sempre poluídos.
- Beba muita água potável, pelo menos 2 litros por dia. Compre água mineral em garrafas de vidro, não de plástico, para evitar contaminação por bactérias.
- Restrinja o consumo de álcool ao mínimo possível e lembre-se de que ele não faz parte de nenhum programa de desintoxicação.
- Cozinhe com azeite extravirgem. Use também óleo de linhaça na salada ou nos grãos.
- Use produtos fermentados de soja, como tofu ou tempeh.
- Leite de arroz ou de amêndoas são ótimas alternativas ao leite de vaca e aos produtos não-fermentados de soja.
- Chás de ervas ou de frutas. O *sbitin*, sobre o qual falarei mais adiante, é uma alternativa muito boa – trata-se de um bebida russa picante e deliciosa.
- Um pouquinho do que lhe apetecer. Não demonize o alimento, coma um pouco de chocolate ou café, que são ótimos. Mas escolha um produto de qualidade – ou seja, "batatinhas fritas" de verdade e nada de café "descafeinado".

Tudo isso parece muito difícil. Onde estão aquelas comidinhas gostosas que você esquenta no microondas? Será que consegue sobreviver sem uma paradinha no MacDonald's? Falando sério: é fácil. Se seguir o meu plano e comer o máximo de alimentos crus, vai perder pouquíssimo tempo na cozinha – uma salada leva poucos minutos para ficar pronta. Sopas e sucos naturais também são facílimos de preparar. Mesmo os alimentos que demoram para cozinhar, como os grãos, podem ser feitos sem muito trabalho, como vou ensinar mais à frente.

O que não comer e beber

Como já disse, não gosto de demonizar a comida ou qualquer outra coisa. Como espero que tenha cumprido meu programa, será inconcebível se desviar a intuição e voltar a ingerir comidas ou bebidas que lhe fazem mal. Mas, em todo caso, vamos relembrar algumas dicas. As comidas e bebidas a seguir não são "proibidas", mas prejudicam o organismo e desequilibram sua energia.

- Cafeína: evite café; chá-mate, verde e preto; sodas e chocolate. A cafeína estressa as glândulas adrenais dexando-o tenso e ansioso.

- Comidas processadas, como as vendidas em lojas de conveniência e supermercados, ou *"junk food"*: são alimentos "mortos", feitos com aditivos tóxicos e conservantes. Cuidado com os "E"! (números como comentei em capítulos anteriores). Os fabricantes já estão usando o nome completo do aditivo, para evitar o uso de um número "E". Uma dica preciosa é: se o componente químico for muito extenso, provavelmente é um aditivo.

- Alimentos gordos, tais como salsichas e tortas: a gordura saturada bloqueia as artérias e esses alimentos são geralmente embalados com aditivos.

- Sal aumenta a pressão sangüínea e pressiona os rins.
- Grãos brancos processados: arroz, pão branco e massas são alimentos vazios que causam picos nos níveis de açúcar no sangue.
- Laticínios, especialmente aqueles feitos à base de leite de vaca: são alimentos causadores de muco.
- Produtos à base de soja: exceto aqueles feitos a partir da soja fermentada, são todos causadores de muco.
- Açúcar refinado e produtos com açúcar: fornecem calorias vazias e perturbam o equilíbrio de açúcar no sangue.
- Álcool em excesso.

O poder dos alimentos para energizar você

Os alimentos afetam a saúde física e o bem-estar mental e emocional. Como já expliquei, sua energia pode ser drenada por outras pessoas e por eventos externos estressantes. No entanto, muitas pessoas não sabem que a energia delas também pode ser afetada pelos alimentos. Não se trata apenas do conteúdo nutricional (ou da falta dele), mas também é uma questão relacionada com a energia dos alimentos. Mesmo se ingerir alimentos enriquecidos com vitaminas, enzimas e uma boa dose de energia, eles podem se perder se não forem preparados da maneira correta. Se cozinhá-los demais, destruirá a energia e o conteúdo nutricional. Sugiro que evite as temperaturas elevadas na preparação dos alimentos. A única exceção são os grãos, que devem ficar de molho por uma noite e depois ser fervidos rapidamente, ou cozidos pelo método russo que apresento a seguir. Coma as frutas e os legumes crus. Se você tiver que cozinhá-los, faça isso no vapor.

Método russo para cozinhar grãos no forno

Na Rússia, os grãos simbolizam a vida, pois são cheios de vitaminas e enzimas. Como necessitam de um tratamento cuidadoso, os russos utilizam esse método.

Ao consumir grãos, devemos absorver todos os nutrientes e recarregarmos nossa energia a partir deles. Ao longo dos séculos, os cereais (principalmente o trigo integral e o trigo-sarraceno) foram louvados por toda a Rússia e receberam um *status* especial. Até hoje o pão é respeitado e todo cidadão sente pesar ao jogar fora algumas migalhas.

Não pretendo me estender sobre o valor nutritivo de cada grão ou cereal, pois tenho certeza que encontrará muitas e melhores informações em outros livros. Gostaria de me voltar para a energia contida nesses alimentos, mostrando como preservá-la para obter os seus melhores benefícios. Aqui está a forma como os russos fazem isso.

- Antes de cozinhar, deixe os grãos de molho na água por 2 horas.

- Descarte a água e leve-os para ferver em água fresca.

- Cozinhe lentamente por 5 a 7 minutos, depois retire do fogo, tampe e coloque no forno preaquecido a 150 °C durante cerca de 10 a 15 minutos.

- Adicione um pouco de azeite extravirgem de sua preferência e está pronto para servir.

Coma seus brotos

É especialmente benéfico comer grãos germinados. Isso porque esse tipo de grão se torna uma proteína em vez de carboidrato, aumentando o potencial energético muito além do grão comum. Por isso, sugiro fortemente que você adicione grãos germinados à sua dieta regularmente. Eles são uma poderosa fonte de vitaminas, sais minerais e energia vital, além de não serem formadores de muco.

Atualmente, temos a tendência de nos tornarmos obcecados com o valor nutritivo dos alimentos, especialmente o valor calórico. Mas a qualidade energética dos alimentos é mantida na obscuridade. Os alimentos com energia ruim afetam diretamente a nossa energia com suas vibrações danosas. Todos os alimentos refinados e preservados com aditivos químicos apresentam uma energia vazia e pesada. Os alimentos industrializados pretendem imitar o sabor dos produtos naturais: apresentam densa energia desorganizando as nossas.

Mas não fique obcecado por dieta. Como já disse, é natural que você coma sua *"junk food"* de vez em quando, desde que compre uma de boa qualidade. Sei que isso pode soar engraçado, mas o que quero dizer é que, por exemplo, se desejar comer um saquinho de batatas fritas, tem que se certificar de que sejam feitas de batatas e não acrescidas de algum componente estranho. Se quiser comer chocolate, prefira o preto ou o meio-amargo, de origem orgânica e sem aditivos. Se desejar manteiga, escolha uma que não seja "light". Ao tomar café, que não seja um "descafeinado". Tenha sempre em mente que a tecnologia empregada para reestruturar o alimento pode ter efeitos nocivos sobre seu organismo, seja no aspecto físico, seja do ponto de vista energético.

Acredito firmemente que podemos ingerir de tudo um pouco. Mantenha contato com sua intuição e deixe-a atuar como guia, orientando-o sobre o que escolher para comer e quando é hora de parar.

Eliminando a contaminação de nosso alimento

No mundo ideal, nossa alimentação seria natural, livre de pesticidas e outros produtos tóxicos. Infelizmente, não vivemos no mundo ideal. Os alimentos orgânicos parecem ser a solução – são produzidos sem toxinas, mas ainda muito caros e nem sempre disponíveis. Portanto, se queremos ter uma vida mais saudável, precisamos ser pragmáticos e analisar as formas de reduzir a carga tóxica à qual estamos expostos.

Há muitos tipos de toxinas: pesticidas, herbicidas, fungicidas; nitrato em excesso; metais pesados como mercúrio e chumbo; antibióticos e hormônios na carne – a lista é gigantesca.

Não quero deixá-lo alarmado, mas acho essencial que todos saibam o que os alimentos mais comuns contêm.

Vamos pegar um exemplo: o teor de nitratos. Os compostos de nitrato consistem de sais de ácido nítrico, principais fontes do crescimento e desenvolvimento das plantas. Os nitratos sempre estiveram presentes no solo e sempre foram consumidos pelas plantas. Porém, por causa da necessidade moderna de aumentar a produtividade do solo, é comum o uso de fertilizantes em excesso.

As plantas consomem apenas a quantidade necessária, todo o excesso fica nas folhas e caules e acaba sobre a nossa mesa. As tentativas de reduzir o uso de fertilizantes nítricos foram infrutíferas, pois a produtividade e a qualidade ficariam comprometidas.

Por que devemos nos preocupar com os teores de nitrato na comida? Por causa do aumento da quantidade de ácido nítrico no corpo humano, suspeito de ter efeito cancerígeno. No sistema digestório, os nitratos se transformam em nitritos (sal ou éster do ácido nitroso), substâncias 30 vezes mais tóxicas do que os nitratos.

Os nitratos também contribuem para a formação de metahemoglobina, uma forma específica de hemoglobina incapaz de fornecer tecidos corporais através do sangue, o que distorce o metabolismo e suprime o sistema imunológico.

O alimento que ingerimos também pode estar contaminado pelos sais de metais pesados como chumbo e mercúrio, carregados para o solo pelas águas poluídas das chuvas, que contêm resíduos altamente tóxicos das instalações industriais e dos escapamentos dos automóveis, ou pelos produtos químicos venenosos usados na agricultura. Essas e outras impurezas exercem efeitos carcinogênicos e mutagênicos (que afeta os genes) além de enfraquecer o sistema imunológico.

E o que pode ser feito para reduzir a ingestão de tantas substâncias tóxicas? Não podemos determinar ou mudar a quantidade de fertilizantes usados nas frutas e vegetais. Não podemos obrigar os agricultores a deixar de usar hormônios e antibióticos na criação do gado de corte. A compra de produtos orgânicos é uma solução possível. Entretanto, se você não tem condições de comprá-los, não entre em pânico. É preferível comer não orgânicos do que deixar de ingerir frutas e vegetais. Além disso, existem maneiras para reduzir a contaminação:

- Mergulhe todas as frutas e vegetais não orgânicos em água com um pouco de sal. Depois, descarte a água e lave os alimentos em água corrente.

- Descascar frutas e vegetais eliminará pelo menos metade dos nitratos, pesticidas, herbicidas, chumbo e mercúrio.

- Se você for cozinhar os vegetais, cozinhe-os inteiros e, só depois, corte-os em fatias.

- Tire as folhas externas de couves, alfaces etc. Não coma as folhas danificadas – descarte qualquer folha rasgada ou amarelada.

- Escolha frutas e legumes maduros – eles apresentam menos nitrato do que aqueles colhidos antes do tempo.

- Vegetais e frutas marinados ou conservados em salmoura ou em vinagre (picles) são praticamente livres de nitratos, portanto consuma à vontade.
- Coma a menor quantidade possível de carne não orgânica. Mas, se não conseguir fazer isso, consuma-a junto com legumes verdes frescos – a vitamina C ajudará a compensar eventuais produtos químicos da carne.
- Escolha o peixe com cuidado. Muitos deles estão atualmente poluídos com chumbo e mercúrio. Coma menos atum por esse motivo.

O fator pH

Existe outro modo de avaliar os alimentos para termos uma dieta melhor e mais saudável: preste atenção no pH. Garanto que daqui para frente não haverá mais debate sobre se você deve ou não comer carboidratos ou sobre qual o índice glicêmico daquilo que deseja comer – em vez disso, todo mundo estará se perguntando qual é o pH contido na comida.

O pH é a quantidade de acidez ou alcalinidade e possui uma escala de 0 a 14. Qualquer coisa acima de 7 é alcalina e abaixo de 7 é ácida. Para otimizar a saúde, o pH do sangue deve ser 7,4 – em outras palavras, alcalino.

Quando o pH de seu corpo está muito perto da acidez, você tende a ficar doente, pois todos os agentes patogênicos são criados em um ambiente ácido. O excesso de acidez se acumula nos ossos e articulações. Um dos maiores problemas de nosso corpo é o esgotamento do cálcio e o excesso de acidez. Infelizmente, os suplementos alimentares não ajudam. Não importa o quanto você tome de cálcio, se seu corpo tiver muita acidez, o cálcio será utilizado para estabilizar o equilíbrio acidez/alcalinidade. Um pH estável ajuda a absorver os alimentos, as vitaminas e os sais minerais corretamente, além de estabilizar suas reações e emoções, como comprovado em inúmeras pesquisas.

Para retornar ao equilíbrio e mantê-lo, temos que vigiar a dieta. O ideal é ingerirmos alimentos 80% alcalinos e 20% ácidos todos os dias. Se você fizer muito exercício, pode se dar ao luxo de aumentar o consumo de alimentos ácidos – mas não em excesso. Quase todas as impurezas e toxinas no corpo apresentam uma natureza ácida. Por isso, é muito importante contrabalançar essa situação com alimentos alcalinos, frutas e legumes. Você poderá se surpreender com alguns alimentos da tabela abaixo. Muitas pessoas acham que os alimentos cítricos, por exemplo, são ácidos por causa de seu sabor. Saiba que não é o sabor do alimento que conta, mas seu efeito no organismo.

As mulheres grávidas não devem consumir laticínios não pasteurizados.

Existem vários livros que oferecem listas com o pH dos alimentos, por isso não vou repeti-los todos aqui. Mas, sem dúvida é importante tê-los em mente para melhorar a saúde e a energia.

Utensílios de cozinha
Os melhores são de aço inoxidável ou panelas de esmalte. Eu não uso panelas de alumínio.

Respirando para equilibrar-se
Não são apenas certos alimentos que afetam o seu pH, mas também a raiva, o estresse e a ansiedade liberam hormônios que mudam o pH de alcalino para ácido. Quando você está calmo e relaxado, contribui para a estabilização do pH do organismo. Os exercícios apresentados anteriormente ajudam muito, mas gostaria de introduzir uma técnica respiratória –

chamada de limpeza respiratória – que pode ajudar a equilibrar as glândulas supra-renais.

- Ajoelhe-se, apoiando os glúteos nos calcanhares.
- Mantenha as costas retas e as mãos descansando sobre os joelhos.
- Se tiver problemas nas costas ou sentir-se desconfortável, sente-se em uma pequena almofada.
- Respire profundamente pela boca, fazendo um "biquinho" com os lábios.
- Expire pela boca, em breves sopros, colocando a língua atrás dos dentes e fazendo o som "Th-th-th".
- Enquanto expira, incline-se suavemente até que sua testa toque o chão à frente dos joelhos.
- Enquanto inspira pelo nariz, volte lentamente para trás, na posição sentada.
- Tente praticar esta limpeza respiratória pelo menos 6 vezes ao dia.

| Capítulo 19 |

SUPERALIMENTOS E SUPLEMENTOS

Não costumo recomendar a meus pacientes que tomem grandes quantidades de suplementos alimentares. Depois de limpar o corpo para ele absorver os nutrientes corretamente, e uma vez que está fazendo uma dieta saudável e balanceada, não há necessidade de suplementos. No entanto, existem algumas ervas que recomendo e também alguns alimentos especiais – que eu chamaria de "superalimentos".

O poder do mel

Este é um dos mais maravilhosos segredos da saúde na Rússia – o mel. Nós temos uma longa tradição na utilização de produtos derivados do mel e sugiro que você siga o exemplo e inclua esse superalimento na sua dieta regular.

Use-o de várias maneiras – para adoçar bebidas, nos molhos de saladas, sobre legumes e carnes ou nos pães e torradas. Ou simplesmente tome uma colherada direto do pote! Apenas se lembre de controlar o excesso de consumo.

Use pouca quantidade se for alérgico a pólen, se tiver problemas de retenção de líquidos ou pressão alta.

Sbitin

Uma forma deliciosa de usar o mel é no *sbitin*. São muitas as antigas receitas para essa famosa bebida russa, que existe há mais de mil anos e é a minha bebida favorita. *Sbitin* (traduzido do russo significa "bater", como se batem ovos ou creme) é uma deliciosa bebida adocicada e picante que consiste numa mistura de água, mel, ervas e especiarias. Não é alcoólica e era usada até o final do século XIX para substituir o chá e o café. As pessoas bebiam *sbitin* ao longo do dia, mas especialmente pela manhã. Não é somente refrescante, mas extremamente nutritiva e revigorante; ainda que não inclua nenhum tipo de estimulante artificial. Acho-a extremamente útil em um programa de desintoxicação, especialmente para pessoas que não conseguem passar sem bebidas quentes, como chá ou café.

Sbitin é a solução para elas – uma bebida quente, reconfortante e que ainda faz bem. O que mais você poderia desejar?

Esta é a receita para preparar o *sbitin*:

- Aqueça um litro de água até a ebulição.

- Acrescente 100 g de mel, canela à vontade, cravo, cardamomo e gengibre. Se quiser, acrescente alguns grãos de pimenta e três colheres de sopa de folhas secas de hortelã. Ferva todos os ingredientes durante 30 minutos.

- Peneire a infusão e sirva. Pode ser saboreada quente ou fria.

O *sbitin* é um poderoso aliado na desintoxicação porque ajuda a esquentar, afrouxar e liberar o muco e as toxinas do organismo. É ideal para os dias frios do inverno.

Se preferir, simplesmente faça como fazemos na Rússia: beba *sbitin* o tempo todo.

Suplementos energéticos

Na Rússia, usamos certas ervas e frutas como ferramentas vitais para aumentar a energia. Sempre recomendo aos meus pacientes como parte do programa de rejuvenescimento.

Chá

O chá foi introduzido na Rússia há não muito tempo, como um presente do imperador mongol Gengis Khan, e foi louvado como um tesouro. Mais tarde, a partir do século XIX, o chá foi cultivado na Geórgia e no Azerbaijão. Uma vez que alguns têm cafeína, gosto de oferecer alternativas às pessoas. O que tem sido usado com mais freqüência são cascas de limão e laranja numa infusão de água quente. É incrivelmente simples, contudo uma bebida muito saborosa e refrescante. Além disso, muitas pessoas plantam hortelã em seus jardins: as folhas também podem ser usadas numa infusão de água fervida. Essas alternativas ao chá funcionam muito bem para aumentar a energia.

Ginseng

O ginseng é conhecido há milhares de anos como um poderoso tônico. Na Rússia, essa raiz mágica tem sido cultivada principalmente na Sibéria e usada largamente para melhorar o desempenho dos esportistas e para elevar a energia física e mental dos astronautas. Se você precisa reduzir o *stress* e melhorar a capacidade de lidar com um estilo de vida muito agitado, o ginseng é uma ótima opção.

Os cientistas russos têm realizado inúmeros estudos com o ginseng e concluíram que a variação siberiana tem propriedades adaptogênicas, ou seja, é uma erva ideal para todos os tipos de *stress* por causa de seu efeito no equilíbrio das glândulas supra-renais. É também amplamente sabido que o ginseng siberiano aumenta o fornecimento de oxigênio para as células e, como resultado, lhe dá mais energia e agilidade. Se você estiver passando por um período estressante, recomendo que tome 200 mg de raiz seca de ginseng uma ou duas vezes ao dia. Mas lembre-se que você nunca deve tomá-lo continuadamente por mais de 3 meses.

O ginseng ao qual me refiro é o siberiano (*Eleutherococcus*) – completamente diferente do chinês ou coreano.

Rhodiola

Conhecida também como "raiz do Ártico", cresce na região norte da Sibéria. É conhecida na Rússia há centenas de anos como impulsionadora de energia. Também tem propriedades adaptogênicas. Recomendo que tome suplementos de rhodiola quando se sentir para baixo (é um antidepressivo natural maravilhoso) e para aumentar a agilidade mental. Sabe-se também que ela estimula o sistema imunológico e tem propriedades anticancerígenas, pois é rica em antioxidantes. Tome 200 mg de comprimidos de rhodiola 3 vezes ao dia, durante as refeições.

Nozes

As nozes foram cultivadas durante séculos nos jardins dos mosteiros russos. São muito eficazes como combustível para o corpo porque são naturalmente ricas em muitos nutrientes. Trata-se de uma das poucas fontes naturais de ômega 3 (excelente para manter o coração saudável); também são ricas em esteróis vegetais (auxiliares na redução dos níveis de colesterol) e uma boa fonte de fibras e proteínas. Ainda trazem vitamina E, cobre, ácido fólico e magnésio. Na Rússia, existem algumas receitas que ensinam como usar as nozes para impulsionar o sistema imunológico e a vitalidade. Há mesmo rumores de que os astronautas consomem pasta e creme de nozes no espaço. A receita abaixo ajuda a melhorar o sistema imunológico, além de restaurar a energia.

- Misture 500 g de nozes trituradas com 300 g de mel e 100 ml de suco de Aloe Vera.

- Coloque numa jarra de vidro hermeticamente fechada e guarde em local seco e arejado.

- Tome uma colher de sopa 3 vezes ao dia antes das refeições.

Grãos germinados

As sementes germinadas são uma rica fonte de vitaminas,

sais minerais e fitos nutrientes. A germinação libera enzimas dormentes e aumenta drasticamente o conteúdo de micronutrientes das sementes. Por exemplo, os níveis de vitamina C se multiplicam por 5 vezes nos 3 dias após a germinação. As sementes utilizam a energia vital para crescer e, quando você come os brotos, absorve sua energia vibrante. Os brotos são poderosos agentes de rejuvenescimento, especialmente por causa de seus elevados níveis de antioxidantes (que neutralizam os radicais livres, responsáveis em grande parte pelo processo de envelhecimento). Sou uma fervorosa defensora de todas as formas de sementes germinadas, favas e grãos: alfafa, rabanete, mostarda, quinua, linhaça, lentilhas, grão de bico e assim por diante. No entanto, sugiro aqui as sementes de brócolis. Os grãos e os brotos não apenas são bons para a saúde, mas têm ainda um sabor muito agradável.

Como cultivar

Os melhores brotos são aqueles que você pode plantar e colher em casa garantindo a qualidade. Escolha sementes orgânicas e compre em pequenas quantidades para garantir o frescor.

Tudo o que você vai precisar é de alguns jarros grandes. Coloque duas colheres de sopa de sementes dentro dos jarros e cubra-os com uma rede fina de proteção para que a água possa evaporar. O objetivo é deixar as sementes crescerem rapidamente e comer os brotos enquanto ainda estiverem frescos e jovens, com todos os micronutrientes ainda intactos. Você terá que cultivar suas sementes e molhá-las por várias vezes – o tempo da germinação varia conforme o broto –; a alfafa, a mostarda e a linhaça por exemplo, precisam de 5 a 7 horas; as lentilhas de 8 a 12 horas. Os frascos deverão ser inclinados num ângulo de 45 graus para que a água escorra e o ar também possa circular. Os brotos crescem com facilidade, mas precisam de calor indireto, devendo ser protegidos da luz direta. Sempre trate-os com suavidade e tenha cuidado para não machucar as folhas. Algumas pessoas são alérgicas às sementes germinadas. Se for portador da doença de lúpus, evite-as. Se estiver tomando pílulas anticoncepcionais ou fazendo reposição hormonal, coma brotos de alfafa com moderação – na dúvida, consulte um nutricionista.

Grama de trigo orgânico

A grama de trigo é outro superalimento rico em betacaroteno, vitamina k, vitamina B6 e cálcio. Também é uma maravilhosa fonte de proteínas por conter todos os aminoácidos essenciais na quantidade ideal para o organismo. A clorofila presente na grama de trigo incompreensivelmente fornece proteção contra as mutações do DNA.

Gelo e frio para energizar

Isso pode ser uma surpresa para você, mas o gelo e o frio talvez sejam a mais poderosa forma de rejuvenescimento para o corpo e a mente. Não são suplementos alimentares, mas têm os mesmos poderosos efeitos.

Durante a exposição a temperaturas baixas, o corpo responde com uma série de reações consecutivas. No começo, experimentamos a ansiedade e a emoção do medo, que provocam nossas glândulas supra-renais e liberam adrenalina no fluxo sangüíneo. Isso, por sua vez, contrai a pele e os vasos sangüíneos enquanto os vasos do coração, cérebro e pulmões se abrem. Todas essas reações ocorrem devido às tentativas de nosso corpo evitar uma mudança de temperatura nos órgãos internos. Como resultado direto, a atividade do coração é impulsionada. A pressão arterial sobe, fornecendo sangue e nutrientes para o tecido muscular e o cérebro. Tudo isso ajuda a aumentar a temperatura corpórea, otimizando o fluxo de reações bioquímicas e fornecendo mais energia ao organismo. Ao mesmo tempo, sofremos uma experiência emocional, pois o sangue recebe mais endorfina. Essas reações nos oferecem uma nova vitalidade. Além disso, repelem o conteúdo tóxico, melhoram a memória e a concentração. Recomendo que, após o banho, você sempre tome uma ducha gelada, mesmo que por apenas um segundo. Comece com uma ducha rápida, depois vá aumentando o tempo gradualmente.

Banho de água salgada

Esse é outro método bastante eficaz. Ele estimula a desintoxicação física e áurica. Faça a seguinte receita de manhã ou à noite:

- Encha uma tigela com água um pouco mais fria do que a temperatura ambiente e dissolva uma colher de sopa de sal marinho.

- Mergulhe as mãos na água e gentilmente espalhe-a por todo o corpo.

- Bata com as pontas dos dedos em todo o seu corpo de baixo para cima, na direção do coração – ou seja, da ponta dos dedos das mãos para as axilas e dos pés para a virilha.

- Agora tome uma ducha. As mulheres devem tomar uma rápida chuveirada fria e, em seguida, uma chuveirada quente para aumentar a energia feminina. Os homens devem tomar uma ducha quente antes e depois um jato de água fria para reforçar a energia masculina.

Exercício energético de rejuvenescimento

Vou terminar com um exercício adicional que é muito útil para recarregar a energia, aumentando o rejuvenescimento.

O sopro da vida

P.K. Ivanov (1898-1983) foi um dos mais famosos defensores da vida saudável. Ele era uma incrível figura que ensinou a importância da boa alimentação, dos exercícios e da respiração. Também era um grande fã da terapia a frio e do gelo: costumava andar descalço na neve! Ivanov ensinou a seus alunos o seguinte exercício, que chamava de "o sopro da vida".

- Vá para um local ao ar livre. Estique a cabeça suavemente para cima e olhe para o céu.

- Abra a boca e inspire lentamente pelo nariz (é importante inalar pelo nariz). Imagine que você está desenhando no ar, no céu, lá em cima.

- Ao acabar de inspirar, em vez de expirar, engula o ar.

- Talvez isso exija alguma prática, então não se preocupe se não fizer direito na primeira vez. Ao engolir, visualize a energia vital se espalhando sobre o corpo.

- Expire pelo nariz e recomece o exercício.

Esse é um exercício muito poderoso, mas não faça-o mais do que 3 ou 4 vezes consecutivamente. Contudo, é perfeitamente seguro e você pode fazê-lo várias vezes durante o dia. Ele não apenas reforça a aura, como também pode ajudar a moderar o apetite. Basta praticá-lo antes de cada refeição.

Conclusão

Minha sincera esperança é que, depois de ter passado pelo meu programa, você tenha descoberto sua identidade energética individual. Sua personalidade nunca deveria se perder ao combinar-se com outras personalidades. Cada um de vocês deveria manter aquilo que tem. Um coral canta harmoniosamente porque cada membro faz a sua parte com a própria voz. Quando você juntar a sua voz ao coral, nunca se esqueça que ela é única e procure manter o seu som interior. Dessa forma, vai preservar sua identidade como uma parte vital da unicidade.

Todo mundo tem uma tarefa na vida, selecionada individualmente. Ela pode ser difícil, mas não impossível – a ninguém é dado mais do que o suportável. O modo como você lida com sua vida, sua missão, impulsionará a sua alma para crescer ainda mais. Lembre-se também de que nada injusto lhe foi dado. Se encontrar problemas ou dificuldades pela frente, eles estarão lá para serem superados e esteja certo de que possui os meios para superá-los. Pergunte a si mesmo: o que eu posso aprender com isso? Nunca desista. Nunca se entregue.

É claro que existem momentos em que parece mais sensato se submeter, mas também há momentos em que devemos tomar decisões para mudar as coisas. Você precisa seguir a intuição para descobrir que a paciência é a única solução e você não deve perder tempo: procure brechas e aja o mais rápido possível.

Não existe uma receita universal e nunca haverá uma. A única voz que pode ajudá-lo é a voz de sua consciência e de seus profundos sentimentos intuitivos. Submissão e atividade são duas forças polares do comportamento humano, assim como o repouso e o movimento. Nunca enfraqueça qualquer uma delas, pois são igualmente importantes. A vida é como uma criação artística. Pode ser criada em estilos diferentes, assim você precisa ser livre para criá-la por si mesmo. Você não deve copiar ou imitar os outros, mas ouvir os sons suaves de sua alma. Só então essa arte terá valor. Ao expressar-se harmoniosamente em sua própria vida, você estará contribuindo para o florescimento e evolução do mundo.

Agora você chegou ao fim deste livro. Em russo, nós temos uma palavra interessante: *iskhod*. Um de seus significados é "o final"; entretanto, na frase *Iskhodnaya tochka*, ela significa "o ponto de um novo começo". Assim, embora tenha chegado ao fim do livro, espero que signifique um novo começo para você: *Iskhodnaya tochka!*

Por último, gostaria de compartilhar a melhor definição que eu já tive de um professor. Imagine que você se perdeu na floresta e que encontrou um professor. Você diz: "Estou perdido, por favor, mostre-me o caminho". O professor o orienta na direção certa; então você segue nessa direção e o professor vai embora.

Espero que o conhecimento compartilhado aqui transforme-se nessa espécie de guia para você, assim como foi – e ainda é – para mim. Que esse conhecimento o ajude e o encoraje a tomar o caminho individual que o conduzirá ao seu poder pessoal.

Boa sorte em sua viagem.

Este livro foi impresso pela Prol Editora Gráfica
para a Editora Prumo Ltda.